新时代经济管理与发展研究

杜永康　朱永恒　马锐锋　著

吉林科学技术出版社

图书在版编目（CIP）数据

新时代经济管理与发展研究 / 杜永康，朱永恒，马锐锋著. -- 长春 : 吉林科学技术出版社，2023.7
ISBN 978-7-5744-0817-3

Ⅰ. ①新… Ⅱ. ①杜… ②朱… ③马… Ⅲ. ①企业管理－经济管理－研究－中国 Ⅳ. ①F279.23

中国国家版本馆 CIP 数据核字（2023）第 177127 号

新时代经济管理与发展研究

著　　者　杜永康　朱永恒　马锐锋
出 版 人　宛　霞
责任编辑　周振新
封面设计　树人教育
制　　版　树人教育
幅面尺寸　185mm×260mm
开　　本　16
字　　数　250 千字
印　　张　11.75
版　　次　2023 年 7 月第 1 版
印　　次　2023 年 7 月第 1 次印刷

出　　版　吉林科学技术出版社
发　　行　吉林科学技术出版社
地　　址　长春市南关区福祉大路 5788 号出版大厦 A 座
邮　　编　130118
发行部电话 / 传真　0431—81629529　81629530　81629531
81629532　81629533　81629534
储运部电话　0431—86059116
编辑部电话　0431—81629520
印　　刷　廊坊市广阳区九洲印刷厂

书　　号　ISBN 978-7-5744-0817-3
定　　价　85.00 元

前　言

经济管理和社会经济的关系十分密切，二者相辅相成，经济管理体系的完善和发展会受到社会经济的影响，同时，经济管理体制完善还会促进社会经济发展。在我国经济快速发展的时期，经济管理现代化已经成为社会各界关注的重点，实现经济管理现代化不仅是社会经济繁荣的关键动力，而且其现代化水平也会在一定程度上影响经济增长速率。在经济发展过程中，我国经济要想实现可持续发展，就要顺应时代发展潮流，实现经济管理现代化，并采取合理的措施，促使经济管理向更高的层次迈进。

本书基于新时代背景下，对经济管理与发展做出详细的研究，先是介绍了现代经济发展概述、现代经济发展与增长理论，接着详细地叙述了数字经济的发展以及绿色经济发展，然后对经济管理理论、现代农村经济发展与管理及现代农村经济发展与创新做出研究，论述了新时期企业经济管理中存在的问题及应采取的创新策略。本书为经济发展提供了一定的理论依据，具有理论参考价值，可供广大经济学者及企业管理者参考借鉴。

编者在撰写本书的过程中，借鉴了许多前人的研究成果，在此表示衷心的感谢。由于经济发展与企业管理的范畴比较广，需要探索的层面比较深，编者在撰写过程中难免会存在一定的不足，对一些相关问题的研究不透彻，提出的经济发展理论创新与企业管理创新也有一定的局限性，尽请前辈、同行及广大读者指正。

目　录

第一章　现代经济发展概述

当今世界处在全球化高度融合的时代，全球经济场已经充分形成。经济处在不断发展的过程中，因此现代经济学也需要不断适应新的发展。本章重点阐释现代经济发展的本质与规律，经济制度与经济发展的联系，生产、结构要素与经济增长以及投资、消费、贸易与经济增长。

第一节　现代经济发展的本质与规律

一、现代经济发展的本质

从全球经济场的角度来看待人类社会经济的发展，有助于对经济发展的全新认识。立足于全球经济场，沿着人类历史的进程，很容易发现，近代人类社会经济的发展过程实质上就是工业化、城市化的过程。随着20世纪七八十年代以来技术的大发展，加速了现代化过程，人类社会的进步已经成为工业化、城市化和现代化的发展过程。目前，中国和一些发展中国家正是处在三者的叠加发展过程中。相应地，人类社会的各种政治制度、经济制度、经济体制及其经济机制都只不过是这个过程中不同的实现方式而已。如果同意这一观点，现代发展经济学的研究目的就变得更加明了，现代发展经济学就是要揭示在其过程中，生产要素、经济要素及经济结构等在不同时期、不同阶段、不同制度作用下对经济增长、经济发展的作用及规律。

（一）经济增长与经济发展的区别

为了有助于深刻了解现代经济发展的本质，我们先来了解经济增长与经济发展这两个基本概念。

经济增长是经济学家常用的概念，更一般地来探讨，经济增长的含义是指，在一定时间内，一个经济体系生产内部成员生活所需要商品与劳务潜在生产力之扩大（生产可能曲线向外扩张）。生产力的成长主要决定于一个国家自然资源禀赋、资本数量累积与质量提升、人力资本累积、技术水准提升及制度环境改善。因此，经济增长决定生产力之诸多因素的扩展与改善。

一个国家走向经济和社会生活现代化的过程可称为经济发展。经济发展不仅意味着国民经济规模的扩大，更意味着经济和社会生活质量的提高；不仅涉及物质增长，而且涉及社会和经济制度以及文化的升级演变；同时又是一个长期、动态的进化过程。一般而言，经济发展包括三层含义：一是经济量的增长，即一个国家或地区产品和劳务的增加，它构成了经济发展的物质基础；二是经济结构的改进和优化，即一个国家或地区的技术结构、产业结构、收入分配结构、消费结构及人口结构等经济结构的变化；三是经济质量的改善和提高，即一个国家和地区经济效益的提高、经济稳定程度、卫生健康状况的改善、自然环境和生态平衡及政治、文化和人的现代化进程。

经济增长或社会财富增长是生产力发展的重要标志之一。经济增长不是单纯的国内生产总值（GDP）增长，而是经济增长速度和经济增长质量的统一。从产出方面看，经济增长以社会产品数量增加和质量提高为标志，这就是经济增长速度。产品质量不变而数量增加属于经济数量绝对增长；产品数量不变而质量提高属于经济数量相对增长。从投入方面看，经济增长以资源消耗的相对减少为标志，这就是经济增长质量或经济效益。如果社会财富产出总量不变而资源消耗总量减少，或者社会财富总量增加较多而资源消耗总量增加相对较少，就是经济增长质量提高或经济效益提高，把投入与产出联系起来考察，经济增长就是以最少的资源消耗生产出最多的社会财富，这是经济增长的确切含义。

经济增长与经济发展具有明显的差别。经济增长理论是西方经济学理论体系的重要内容之一。在西方经济学理论体系中，没有把经济增长与经济发展区分开。经济发展的特殊本质是"人本位"，以社会经济主体共同全面发展为目的。经济增长的特殊本质是"物本位"，以社会财富增长为目的。经济发展和经济增长是在不同的经济理论体系基础上确立起来的经济范畴。经济发展是指整个国民经济的演进过程，而经济增长仅指社会财富生产的增长，比经济发展的涵盖范围小得多。经济发展与经济增长是整体与部分之间的关系，经济发展包括经济增长，经济增长是经济发展的内容之一。

经济增长作为生产力发展的总量目标，不包括经济结构优化的目标，不包括经济利益关系协调的目标，不包括社会消费水平的发展目标和分配格局的调整目标，因此解释不了经济结构失衡的问题。产业结构、区域结构、城乡结构、内外结构等方面的经济结构目标，属于经济发展的重要内容。经济发展的内容不但包括物质产品生产与消费的增长，也包括精神产品生产与消费的增长；不但包括经济数量的增长，也包括经济效益的提高；不但包括经济总量的增长，还包括经济结构的优化；不但包括社会财富生产的增长，还包括社会财富分配的合理化及消费水平的提高；不但包括经济效益和生态效益的提高，还包括社会效益的提高。

（二）现代经济发展的过程分析

经济发展是在经济增长基础上，一个国家经济与社会结构现代化的演进过程。考察人类社会发展的过程，可以发现，近代人类社会发展的最显著的标志就是工业化和城市化的发展，这两个方面的发展推动着人类社会发展的进程。由于技术大发展加快了各行各业的现代化水平，因此，人类现代社会经济的发展其实质就是工业化和城市化、现代化的过程。如果明白了这一点，经济问题就变得简单明了。由此，可以通过考察社会发展的进程看到这一点

1. 工业化过程

史学界大都认为，公元 1500 年前后的一系列重大事件，如地理大发现、文艺复兴等，促进了西方资本主义的发展，从而引起了遍及全球社会经济的重大变化。特别是地理大发现直接诱发了商业革命，工业化对西欧资本主义起了最有力的催化作用。工业化过程推动了人类社会文明的进程。

西方国家近代经济发展的事实证明，农业的率先发展，换言之农业革命的率先发生，是产业革命得以出现的前提。这是因为从新石器时代人类进入农业文明后，直到 17 世纪产业革命的前夕，农业生产和技术的发展极为缓慢。17 世纪欧洲农业水平同两千年以前（同罗马时期的农业发展水平）几乎没有区别，许多地方甚至更低。农业无法为非农经济特别是工业经济的长足发展提供劳力和市场。

没有国内农业的率先发展，不可能出现工业长足的发展，也不可能完成产业革命。因为在农业劳动生产率没有大幅度提高的情况下，发展工业如果转移农业人口，将急剧减少农产品的供应，其结果为：一方面无法保证对工业部门的农产品的供应；另一方面减少农村市场对工业品的购买力，从而将会从供给和需求两方面限制工业的发展。

一国不可能通过进口农产品来实现产业革命，因为要做到以国外农产品取代国内农产品，进口国的工业生产率必须大幅度地超过农业生产率，使得这一生产率差额足以支付进口农产品所需花费的运输费用，而这一点即使在产业革命开始以后的相当长的时间里也无法做到。因为在产业革命的前夕和初期，工业劳动生产率不高，而国际运输费用却因工业和运输水平低下而非常昂贵。

在西方产业革命时期，农业革命的先导和基础作用还突出地表现在提供劳动力、提供市场、提供资金和提供企业家四个方面。

农业革命是人类历史上第一次人口革命的基础，使人口发展从高死亡率、高出生

率的传统阶段进入低死亡率、高出生率的近代阶段，进而使人口迅速增加。人口增加一方面增加了劳动力的供给；另一方面扩大了对工业品的需求，从而为工业生产的发展扩大了市场。产业革命初期，由农业革命造成的对工业品的需求，首先是衣着需求；其次是铁制农具需求，从而为纺织工业和钢铁工业的发展提供了广阔的市场。在西方国家工业化初期，首先是纺织工业；其次是钢铁工业，成为当时最兴旺、发展最快的工业部门，而农村市场乃是其主体市场。由此可见，在工业化的前期，无论轻、重工业均以农村为主要市场。

农业革命为产业革命提供企业家和资金，表现得最明显的是纺织工业。农业革命促使农民向非农产业转移，其最接近的产业便是纺织工业。因为在男耕女织的前工业化社会里，纺织是农家生产的重要组成部分。同时，在产业革命前期，纺织工业的设备比较简陋，投资额不大，家境较殷实的农民不难涉足其中。

工业发展并不等于工业化的过程开始，当资金、技术积累到适当程度的时候，工业发展加快，工业化进程开始。工业化最基本的前提是技术积累达到一定程度和阶段。工业化创造两种需求：一是社会需求；二是工业本身发展的需求。工业化程度越高，门类就越齐全，工业层级和门类的扩张按照一定的规律进行。

2. 城市化过程

“城市化”这一术语出现在150多年前。西班牙的一位工程师塞尔门写了《城市化的理论问题》，其在书中第一次使用了“城市化”一词。西方的城市化运动自工业革命开始，到20世纪六七十年代，城市化已达到很高的水平，城市已经成为西方人口的主要聚居区。西方城市化的高水平已经成为西方国家发达程度的重要标志。城市化的经济目的是通过规模经济、集体消费，提高公共服务的水平。人口密度是公共服务的函数，人口集聚是提高公共服务效率的前提，唯有大规模的空间集聚，才能降低公共服务的平均成本，获得递增的报酬。

城市作为独立的、高效的经济运行实体，有力地推进着社会、经济、文化的发展。城市能够非常有效地将一定区域内的经济人力、组织、文化、技术等资源聚合在一起，并加以合理的配置，以达到最优化的运行方式，使城市运行进入良性发展。社会的发展已经不是仅依靠产业的推动，城市本身已经成为推动社会经济发展的重要驱动力。现代西方城市的功能不是其生产水平有多高，而是要有能力组织起社会生产。在整个社会的经济运行中，城市更像是一个组织者、管理者、指挥者。城市规模是影响城市发展的重要因素，规模过小则不具备足够的聚合力，无法有力地吸引各种资源，对其周边地区的带动作用也不明显。城市的规模越合理，其运行效益越高。

西方城市的发展，是工业化的结果。工业的不断发展，增加了对土地和人口的需求，随着工厂的增多和规模的扩大，城市也在扩张，进而促进多种需要和多个产业的发展。工业化要求人力、资本、技术聚合，使城市这种最适合的发展模式脱颖而出，工业化与城市化在相互推动中不断发展。20 世纪 90 年代以来，随着以国际互联网为代表的网络技术的发展，城市化进入新的发展阶段。城市化并不仅仅是人口由乡村向城镇的简单集中，它反映的是整个社会结构的变化，它包含非农产业的集中、生活空间的转化和观念意识的转化。西方社会在城市化的初期，主要是在工业革命后，城市在高速发展的同时，也出现了许多问题，如交通紧张、环境污染、住房紧张等。

3. 现代化过程

现代化常被用来描述现代发生的社会生活及文化变迁的现象。一般而言，现代化包括学术知识上的科学化、政治上的民主化、经济上的工业化、社会生活上的城市化、思想领域的自由化和民主化、文化上的人性化等。也有人认为，现代化是发展中的社会为了获得发达的工业社会所具有的一些特点，而经历的文化与社会变迁的包容一切的全球性过程。

现代化是人类文明的一种深刻变化，是文明要素的创新、选择、传播和退出交替进行的过程，是追赶、达到和保持国际先进水平的国际竞争。现代化的核心是“人性的解放”和“生产力（效率）的解放”，由于这一现象是从欧美等西方社会开始，有时也被称为“西方化”，但并不专属于西方社会。现代化也可以被理解为四个过程：技术发展、农业发展、工业化、都市化。现代化的另一个方面是技术的大爆炸，它使人类思想以惊人的速度和数量增长和传递。不同文化之间的差别在缩小，而专业技术领域上的差别却在扩大。

一般而言，在 18—21 世纪期间，世界现代化可以分为两大阶段：第一次现代化是从农业社会向工业社会、农业经济向工业经济、农业文明向工业文明的转变；第二次现代化是从工业社会向知识社会、工业经济向知识经济、工业文明向知识文明、物质文明向生态文明的转变。这里所讲的现代化着重于技术进步所引起的生产和生活所有方面及各种手段的现代化，因为它的进步促进了需求和生产的急剧增加，即经济增长和社会发展。

二、工业化发展与规律

工业化是由农业经济转向工业经济的一个历史过程，当今世界各国发展经济，工业化是其必经之路。

（一）工业化时期需求变动

工业化过程存在双重需求，即工业本身的需求和市场需求。工业发展除了为社会提供产品需求之外，本身也需要机器设备、厂房建设、动力支持等，工业化发展还需要大量土地、运输设备等，同时需要大量人力资源。工业化时期，社会需求无论在总量和结构上都有空前的增长，其决定因素很多，如地理位置、自然条件、社会风尚等，但最主要的因素有生产技术发展、人口城市化、市场发展、政府行为。

1. 生产增长与技术进步

人类社会经济发展史证明，没有大量的需求就没有大量的生产，而形成大量生产的必要条件是产品的价格能够为工农阶层所接受，从而使工农的需求成为有效的需求。工业化过程中形成的现代工业、现代农业和现代运输业不仅提供了数量日益增大、品种日益增多的产品，而且大幅度地降低了成本，降低了价格。其中特别值得一提的是，耐用消费品工业的发展向市场提供了大量的缝纫机和自行车，汽车和冰箱也开始出现。现代农业的发展则使谷物、肉类的生产在一定程度上摆脱了土地报酬递减法则的制约。国内外贸易的发展对商品价格的降低也起了一定的作用。

2. 人口增长与农村人口城市化

工业化时期欧洲人口的增长从两个方面影响需求：一是人口数量的增大直接扩大了需求；二是农村人口城市化改变了消费的模式，进而改变了需求的模式。与农村居民需求相比，城市居民的需求有两个特点：一是自给自足的实物需求变成货币支付需求；二是需求更趋于多样化，如对公共设施、公共卫生和文化教育的需求增加。这两大特点既标志着人们需求质的提高，也标志着需求量的增大。

3. 市场体系与市场机构的发展改进

市场的改进包括统一的国内市场以至统一的国际市场的形成，统一的民族国家的形成，市场销售机构如批发市场、零售贸易机构（百货商店、合作商店、联号商店、廉价商店）的出现，全国性报纸刊物上的商品广告的作用，通信工具的改进，货币工资之取代实物工资等，所有这些均直接或间接地促进了市场的发展。

4. 政策行为对消费需求的刺激作用

工业化时期政府政策对消费需求的影响有直接和间接两种。政府政策行为对消费需求的直接影响是指社团消费的增长，包括政府行政费用的增长等。随着工业化和城市化的发展，政府相关部门用于行政管理、公共设施、公共卫生、文化教育、社会保障方面的开支与日俱增。间接影响是指政府的法令、政策的作用，如消费的等级限制，对消费品管理限制，譬如撤除关卡、税收减免（包括关税减免、直接税和间接税的设置和完善）。这些政府法令政策措施的颁布和实施，虽然其中有些项目对消费增长有抑制作用，如税收的增加，但总的说来，其对消费需求的促进作用还是主要的。

（二）第三产业的发展规律

西方国家工业化时期的重要经济现象之一是第三产业的迅速发展。第三产业被认为是国民经济中除去农业（称为基础产业）和工业（又称第二产业）以外的所有产业。第三产业即服务业有三个基本特征：产品具有无形性、生产单位多为劳动密集型小企业、从业人员带有较强的专业性，且以女性、个体经营者和兼职人员为主。对第三产业内部行业的分类不尽一致。例如，比较通用的分类法是将第三产业分为：①交通、通信；②商业、金融、保险；③科学、教育、文化、卫生；④政府和防务；⑤狭义的服务行业（饮食、旅游、修理等）。还可以将第三产业分为：①社会服务业，即交通、通信和公用事业（教育、公安、国防司法）、社会福利卫生事业；②商业服务，即商业、金融、保险等；③个体服务，即家务、手工个体服务，个体专业服务者如律师、医师等；④社团服务，如职业团体；⑤文化娱乐。

服务业的发展过程相当漫长。在产业革命前的西方经济中，服务业已经萌芽，包括细小规模的商业、政府、专业服务者和颇具规模的家庭仆役业。而当时所谓的专业服务者主要是从事法律和医疗等行业。产业革命开始以后，服务业得到与工业同步的发展，其主要分为两种类型：一是生产性服务业，如交通运输、教育、商业，这类服务业被视为生产活动的中间环节，故又称中间服务业；二是消费性服务业，主要是指文化娱乐业，这类服务业的发展与经济增长及人们实际收入的增长有直接关系，而且当收入增长时，人们对这类服务的需求比对商品的需求增长得更快。

从长期看，第三产业的发展有两大特点：一是生产率的增长速度低于第二产业的增长速度，从而具有降低国民经济增长率的趋势；二是其对劳动力的吸纳能力强，并且比较稳定，从而对西方国家的就业结构产生向第三产业倾斜的影响 / 并对就业率起某种稳定作用。

三、城市化发展与规律

城市的核心是“市”，城市化的核心是“市场化”。一般而言，城市化的含义分为广义和狭义两种。从广义的角度来看，城市化是社会经济变化过程，包括农业人口非农业化、城市人口规模不断扩张、城市用地不断向郊区扩展、城市数量不断增加以及城市社会、经济、技术变革进入乡村的过程。从狭义的角度来看，城市化仅指农业人口不断转变为非农业人口的过程。

城市化是指人类生产和生活方式由乡村型向城市型转化的历史过程，表现为乡村人口向城市人口的转化以及城市不断发展和完善的过程。城市化也意味着城镇用地扩展，城市文化、城市生活方式和价值观在农村地域的扩散过程。一般来说，工业化可以产生多重需求：工业自身需求和市场需求（换言之满足市场需求）。正因为如此，工业发展能促进经济增长和社会发展。城市化一般滞后于工业化，工业发展到一定程度工业化加速，进而促进和带动城市化发展。在现代社会经济发展中，城市化阶段是一国社会发展和经济增长深刻变革的时期。

随着产业革命的兴起、机器大工业和社会化大生产的出现，开始涌现出许多新兴的工业城市和商业城市，城市人口比例迅速增长。国际上城市化有两种不同的发展模式：一种是紧凑型模式，在有限的城市空间拥有较高密度的产业和人口，节约了城市建设的用地，提高了土地的配置效率；另一种是松散型模式，人口密度偏低，交通能源消耗要比紧凑型模式多很多。

城市化的本质是社会经济结构变革的过程。加快城市化进程的本质并不是无限制地扩大城市规模，根本上要使全体国民享受现代社会的一切城市化成果并实现生活方式、生活观念、文化教育素质等的转变，即实现城乡空间的融合发展，主要表现在产业融合、就业融合、环境融合、文化融合、社会保障融合、制度融合等，以期真正实现城市和农村人口的共同富裕、共同发展、共同进步。

城市化可以拉动和促进消费，已经成为公理。无论如何，城市化进程的重要表象是人口的迁移，人口的流动必将产生对居住的需求以及连带多种需求，城市化过程会给城市房价带来较大的变化和影响。

另外，从制度经济学的角度，经济增长的关键在于制度因素，土地、资本、劳动力等要素在有了制度时才得以发挥其功能。城市化作为伴随社会经济增长和经济结构变迁而产生的社会现象，同样与制度安排及制度变迁密切相关。如果缺乏有效的制度或是提供不利于生产要素聚集的制度安排，就会阻碍要素的流动、产业结构的升级、规模效应和聚集效应的有效发挥，就会妨碍城市吸引和扩散效应的实现，从而阻碍城市化进程的正常进行。

技术进步推进了工业和工业化发展，工业化拓展加剧了城市化发展。工业化是城市化的动力，城市化又为工业化创造条件，城市化进程中，既要充分考虑工业化对城市化的支撑，又要充分考虑工业化对城市化的要求和配套，城市化关键要统筹城乡社会经济发展。

第二节　经济制度与经济发展的联系

从全球经济场的角度来看，近代人类社会经济发展的实质是工业化、城市化和现代化的过程。劳动、资本、土地、技术等都是促进经济增长的基本要素，诸如制度、体制、机制等也是影响社会经济发展的重要因素。

一、制度在经济发展中的作用

人类社会的发展进步，离不开先进的制度；研究经济发展与增长，更离不开制度。制度学派对经济增长提出了全新的观点，认为资本积累、技术进步等因素本身就是经济增长；经济增长的根本原因是制度的变迁，一种提供适当个人刺激的有效产权制度体系是促进经济增长的决定性因素。从当代社会经济发展的本质来看，制度是促进当代经济发展的重要因素之一。

现代西方经济学可分为主流经济学和非主流经济学。非主流经济学流派很多，制度经济学是其中特别引人注目的一支。从方法论角度而言，制度学派以研究“制度”和分析“制度因素”在社会经济发展中的作用为标榜，并以此得名。制度学派以研究“制度”而得名，制度学派采用历史归纳方法和历史比较方法，强调每一个民族或每一种经济制度都是在特定历史条件下进行活动或发展起来的，他们认为经济增长的根本原因是交易费用的降低，而降低交易费用的关键在于制度变迁。

制度经济学认为制度在经济发展过程中起决定性作用，人类社会历史的变迁，制度变迁才是根本的变迁。制度是一个社会的游戏规则，也因此成为塑造经济、政治与社会组织的诱因架构。所谓制度包括正式规则（宪法、法律、规定）与非正式的限制（惯例、行事准则、行为规范），以及上述规则与限制的有效执行。制度加上技术，决定了构成总生产成本的交易及转换（生产）成本，从而影响经济的表现。由于制度与采用的技术之间有密切的关联，所以市场的效率可以说是直接取决于制度层面的架构。

在不同制度下，经济发展各因素的组合方式和发挥出来的生产力是截然不同的。人是经济发展中起主导作用的能动因素，但人的积极性及创造性的发挥却是由制度决定的。制度对经济增长的作用是显而易见的，现代经济增长中的许多新问题，如公共政策对经济增长的影响、国际贸易对经济增长的影响和经济市场化对经济增长的作用等，都可在制度经济学理论中找到解释。

制度对于经济增长的作用是显而易见的。在经济学中，制度经济学派是把制度本身作为经济增长的一个独立因素或者独立变量来考虑，以此来研究它对经济增长的作用以及作用的程度。但是这里所考虑的制度对经济增长的影响，是把制度看成是影响经济增长的众多因素之一，换言之是作为众多变量中的一个来加以考虑。

制度是规范人类的活动规则、程序和习俗的集合。每一个基本经济形态都有自己的基本经济制度，过渡时期有过渡性经济制度，亚经济形态也有相应的经济制度。在基本经济制度变迁的同时，经济活动各个领域的制度也发生着变化；同一个基本经济形态的基本经济制度，可能会有几个变种。

二、经济体制影响经济发展

（一）经济体制的功能与分类

经济体制是指在一定区域内（通常为一个国家）制定并执行经济决策的各种机制的总和。经济体制通常也指一国国民经济的管理制度及运行方式，它是一定经济制度下国家组织生产、流通和分配的具体形式，换言之，是一个国家经济制度的具体形式，诸如投融资体制、金融体制、税收体制、财政体制，等等。

经济体制就其直接含义而言是一定的经济（包括生产、分配、流通）的组织形式、权限划分、管理方式、机构设置的整个体系。社会的经济关系，包括参与经济活动的各个方面、各个单位、每个个人的地位及其之间的利益关系，需要通过这样的体系表现出来。

经济体制除了指整个国民经济的条条（纵向）管理体制外（诸如农业体制、工业体制、商业体制、交通体制、电信体制等），还应该包括横向的管理体制和方式（譬如各省、市、县政府及地方的管理体制）。由此，我们可以大致看出：经济体制主要包括所有制形式、管理权限、管理方法、经营方式等。经济体制的三个基本要素是所有制关系、经济决策结构、资源配置方式。

1. 经济体制功能

现代社会是一个复杂的利益体，必须通过各种形式把它们联系起来，而能够承担起这个责任的就是这种纵横交错的各种体制。由此来看，体制实际上是一个国家管理社会经济的所有机构和职能的综合，这种机构包括横向的体制，也包括纵向的体制，也就是常说的条块结合。显然这种体制具有各自不同的功能，这些功能主要表现在：确定经济行为主体的权利范围，对整个社会的经济活动起协调作用；确定经济主体共同遵守的行为规范，对经济当事人不符合社会整体效率的行为发挥约束作用；确定利益分享规则，对经济主体行为发挥激励功能；确定信息交流结构，对经济运行发挥信息功能。很显然，和谐顺畅的体制至关重要，换言之社会经济机构的合理组织、科学设置是很重要的。

2. 经济体制分类

（1）按资源占有方式或按照所有制形式划分经济体制，这是通常采用的方式，这种方式往往用于区分社会基本制度或经济制度。

（2）按所有制划分经济体制，这种划分往往与意识形态联系在一起，即“所有制+运行机制+意识形态=某种主义的经济制度”。

（3）按资源配置方式分类。瑞典的艾登姆按照资源集中配置还是分散配置，把经济分成三类：完全集中的模式；完全分散的体制模式；中间模式。经济体制包括决策结构、信息结构和动力结构三方面，并以决策作为主要标准，把经济体制分成传统体制、分散市场、集中市场、计划市场、分散计划、集中计划等。

（4）按资源占有方式与资源配置方式的组合分类。经济体制是资源占有方式与资源配置方式的组合，资源占有方式可抽象为公有制与私有制两种，资源配置方式可抽象为计划配置与市场配置两种，这样就可把经济体制划分为四大类：①公有制计划经济体制；②私有制计划经济体制；③公有制市场经济体制；④私有制市场经济体制。这四类体制可以基本反映现实体制模式。但私有制计划经济体制在现实中没有相应的体制实例。资本主义私有制基础上的市场经济国家在引入计划机制中并未放弃市场机制，因而这类体制可称为私有制为主导的计划市场经济体制。

（二）经济体制变革与经济增长

经济制度的变革主要表现在：所有制形式和结构、分配方式、消费方式等，而这些方面的变革又同时要求经济体制进行相应的变革，因此我们的改革是在不触动社会主义基本制度的前提下进行的体制变革，比如价格体制、商业流通体制、投资体制、外贸体制等。经济制度变革在先，经济体制变革紧随。经济体制改革极大地解放了生产力。

在未来的发展中，必须从规模化和集约化的角度来考虑，企业、产业的发展和规划及基本建设要从更高层次和更大范围内开展，更加节约和具有竞争力。这就要求企业集团化、规模化，产业集群化，城市集群化。按照城市集群化的要求，城市基础设施的建设也要在更大范围考虑，才能形成城市集群，城市基础设施集约发展，才能有实力发展从而减少浪费。这就要求行政体制要相应变化，层级减少，环节减少，管理细化。譬如实行大部制改革加大了管理跨度，必须要减少层次和缩小中间层级的管理范围，只有这样才能加快发展，减少摩擦，从而减少成本。体制性改革的目标必须如此确立。

三、经济机制影响经济发展

当代社会各种经济体都存在多种经济机制，经济机制的各个组成部分是有机联系的。西方社会主要靠市场机制发挥作用。中国社会由于自然经济、商品经济、计划经济、市场经济在社会主义制度下同时并存、互相交错，机制还不能充分发挥作用。从全球化的角度来看，市场化推进和市场配置资源成为当今世界的主流，中国正在推进市场化进程，经济机制的着力点是要建立有利于转变经济发展方式的体制和机制，以提高市场配置资源的效率。

（一）经济机制的分析

对于人们普遍看好的市场经济，最重要的是产权制度。建立市场经济制度，就必须建立与其相适应的产权管理体制和市场机制。产权公有制需要与之相适应的管理体系和激励经济增长的机制，同样以产权私有为重要内容和特征的市场经济制度，也需要与其相适应的一系列运行机制。

在不同的经济制度下，经济机制的外延和内涵不尽相同。经常情况下制度、体制和机制对经济增长的促进作用是很难分清楚的，因为它们本身就是相互关联，甚至互为表里、互为载体，但是也有明显的区别。

国民经济是一个有机的整体，具有内在的构造和特定的联结方式。在国民经济这个大系统中，有物质生产部门和非物质生产部门，并存在生产、流通、分配、消费四个环节，各部门各环节之间，不仅存在有机的联系，而且具有特定的功能。如物质、资金和信息的交换，各部门各环节之间的协调平衡，以及相互联结和调节的功能。

在经济学中，经济机制就是指这样的一定社会经济机体内各构成要素之间相互联系、相互作用、相互制约的关系及功能。它存在于社会再生产的生产、分配、交换、消费的全过程。经济机体的各个组成部分和环节有机结合，通过互相制约和影响，作用于经济机体的运行和发展。各构成要素都自成系统，各自都有特定的方式运行，如价格机制、竞争机制、用人机制等。

价格机制通过价格的变动来推动和影响经济的运动；税收机制通过税种、税率的变化和减免税收的政策来制约和影响经济运动。各构成要素都自成系统，各自都有特定的运行机制。由于经济机制是在经济机体的运行过程中发挥功能的，因此它又称为经济运行机制。

实际上，经济机制包含了经济组织、经济杠杆、经济政策等项内容，生产关系是经济机制赖以建立的基础，经济规律制约和支配着经济机制。如何使它们在运行过程中的功能发挥最佳的总体效应，使得社会经济机体具有自我组织、自我调节、自我发展的性能，就需要对经济运行机制加以认真研究。

（二）市场机制内容与功能

市场机制是市场经济内在的作用机制，它解决生产什么、如何生产及为谁生产这三大基本问题。多数经济学者认为，市场机制是市场经济的核心，它能实现稀缺资源的有效配置。

一般认为，市场经济中各市场要素互相适应、互相制约共同发挥作用形成的市场自组织、自调节的综合机能即为市场机制。其动力源于市场主体对其个体利益的追求，通过传动系统转换为企业目标与社会经济目标；传动是由市场信息、交通运输及各项服务来实现的；调节则是通过价值规律、供求规律及竞争规律作用下的价格、工资、利率变动来完成的。市场机制包括调节机制与竞争机制两个方面。调节机制是市场体系的平衡力，二者共同作用以求保证市场的效率与均衡。市场机制是一个经济机制体系，包括竞争机制、供求机制、利益机制、价格机制等。

事实上，市场机制从不同的角度可以有不同的理解。这里可以有三个透视角度：第一，从市场机制运行的一般内容可以将之细分如下：①商品市场的价格机制；②金融市场的信贷利库机制；③劳动市场的工资机制。第二，从市场机制运行的原理上划分，可分为动力机制与平衡机制。动力机制包括利益机制、竞争机制；而平衡机制包括供求机制、价格机制与调节机制。动力机制是市场活力与效率的源泉，平衡机制是各市场主体相互协调生产与消费资源配置相互协调的保证机制。第三，从市场机制不同的作用方式看可细分为供求机制、竞争机制与风险机制。供求机制是价格与供求关系的内在联系、相互作用的原理。竞争机制是竞争与价格、供求相互作用原理，它通过经营者利益的驱动，保证价格供求机制在市场上充分作用，从而调节经济活动。风险机制是指风险与竞争及供求共同作用的原理，在利益的诱惑下，风险作为一种外在压力同时作用于市场主体，与竞争机制同时调节市场的供求。

1. 市场机制的内容

（1）动力机制。所谓动力机制，是市场内各利益主体、各要素相互协调、相互制约形成的推动企业发展、社会经济增长的动力作用原理。市场动力机制是以二重传导的方式作用的。社会经济首先将宏观目标，如经济增长、供求平衡等通过市场传导给企业目标。个人追求个体利益最大化的原始动力转化为追求企业盈利目标的动力，而企业目标又统一于社会经济基本目标之下，社会原始动力资源得到有效利用并合理通过市场配置，这也是市场经济快速发展的秘密所在。

（2）平衡机制。平衡性是市场机制的重要表现方面。所谓平衡性，是市场各主体、各要素相互影响、相互作用下不断调整适应使供求趋向平衡，使资源合理配置的作用原理。市场主体为了各自利益相互博弈，产生竞争，形成竞争机制；市场供求关系影响价格，形成价格机制。在市场机制的调节作用下，市场整体上会在博弈中逐步趋向平衡。市场机制由价格机制、供求机制、竞争机制、风险机制共同构成。具体而言，价格与供求在动态中不断调节，供求态势影响价格的变动，反过来价格的变动又影响供求变化，供给者和需求者为了各自的利益相应调节自己的行为，两者在市场上通过不断的无限多的动态组合趋向平衡。

2. 市场机制的功能

市场机制与计划方式相比，具有自由调节性、自平衡性、动态相关性、发展性。纵观整个经济发展史，从市场产生到当前的现代市场经济是一个由封闭走向开放的动态发展过程。在这一过程中市场机制的内涵、功能日益丰富并随之加强，最终成为微观与宏观经济的纽带及资源配置的基本方式。市场机制是一种能够自发促进经济增长与资源优化配置的经济运行方式。市场机制的特点决定了市场机制的功能。市场机制自调节、自平衡、动态相关性的特点决定了市场机制具有一种动态的自组织、自平衡的调节能力。市场机制的发展性特点，显示了市场机制对资源的充分利用及刺激功能。

（1）调节功能。市场经济中价格是反映市场商品稀缺程度的信号，商品生产者为了实现利益的最大化就要依据市场信号，按平均利润率规律要求做出决策，生产那些价格高，有利可图的从而也是社会稀缺的产品，其稀缺程度越高就会使价格与利润越高，从而越加吸引生产者的投资。与此同时，生产者减少生产那些价格低、相对社会过剩的无利可赚的产品。产品越过剩，价格越低就越无人进入且快速退出生产。这样在不断的动态平衡调节中，市场机制具有促进供求总量与结构的平衡、优化资源配置、调节宏观比例关系的功能。

（2）激励功能。市场机制对经济具有特殊的促进效率与财富增长的功能。首先，市场机制的特殊之处在于创造了一种有效率的组织制度与市场规律，使个人的谋利方式与社会财富效率增长相结合；其次，市场机制使个人资源可以从社会资源角度有效分配，一切稀缺资源以价格为媒介通过市场在全社会进行有效配置，发挥其最大效用；最后，市场环境迫使市场主体的能量得到最大化的发挥。

市场机制作为一种特殊的激励经济增长机制，市场机制的巧妙之处在于把个人追求与社会利益结合起来，对营利方式严格规范，同时最大范围地利用社会现有资源，并最大化发挥各自的效能，从而有效刺激经济的增长。

第三节　生产、结构要素与经济增长

一、生产要素与经济增长

（一）经济增长的三个要素

经典经济学理论把劳动、资本、土地看作一切社会生产所不可缺少的三个要素。从经济增长的源泉和动力来看，劳动、资本、土地是经济增长的决定力量。但是，需要特别说明的是，劳动、资本、土地这三个要素在不同的时期、在不同的经济阶段对财富的创造和财富的分配所起的作用是不一样的。

劳动创造价值，没有劳动就无法创造出社会财富。劳动力是劳动的提供者，劳动力要素是最活跃的要素，主要来源于区域内自有劳动力和外来劳动力，如迁徙和打工等因素。

资本要素主要来源于家庭储蓄、企业储蓄和政府储蓄，总收入减去总消费等于储蓄，储蓄和劳动的有效结合形成资本，从而实现价值增值。

自然资源要素对经济的增长影响也很大，如土地的肥沃程度、矿产的种类及丰富程度、气候等因素。所谓土地既可以作为劳动资料，也可以作为劳动对象。土地作为生产要素，不仅包括土地本身，还包括石油、煤、铁等各种矿藏以及森林、野生动植物等一切自然资源。土地作为一种劳动资料或劳动对象本身并不会产生价值，只有与资本和劳动结合起来才能创造出财富。

劳动、资本、土地的数量决定产出，换言之，生产要素的数量决定一个区域或国家的产值和经济规模。土地、资本和劳动力是近代社会的三大基本生产要素，在这三类要素中土地是根本，没有土地任何生产都将是无本之木。

资本要素向来被视为经济增长的发动机，区域经济发展的资金主要来源于本地区资本积累和区域外资本的净流入。资本积累与经济增长率成正比，资本积累的多少是经济增长率高低的关键。可见，资本存量的多寡特别是资本增量的快慢，往往成为促进或阻碍经济增长的重要因素。

在生产要素中，人力资本特别是技术水平的提升以及制度的良好演进会通过劳动和土地使用效率的增加显现出来；资本是土地和劳动结合的纽带，资本的作用类似润滑剂，会加速劳动和土地产出的交换和分配，刺激产出的增加。长期来看，资本的作用是中性的。只有三要素的有效结合与运作，才能使我们的社会财富得以不断增长和积累。推动经济发展，必须充分尊重客观经济规律，高度重视生产三要素在经济发展中的决定作用。

（二）生产增长取决于要素增加

劳动、资本和土地是生产的必要条件。因此，生产的增长取决于这些要素的性质。生产增长是这些要素本身增加的结果，或是其生产力提高的结果。从而，生产增长规律肯定是生产要素规律的结果；生产增长的限度肯定是生产要素规律确定的限度，不论是怎样的限度。研究经济增长，先要考察这三种要素所起到的作用，换言之，要考察生产增长规律对劳动的依赖，以及考察增长对资本的依赖和对土地的依赖。

通常情况下，生产不是固定不变的，而是不断增加的。生产只要不受到有害的制度或低下的技术水平的阻碍，总是趋于增加状态。生产不仅受到生产者扩大其消费欲望的刺激，还受到消费者人数不断增加的刺激。随着生产的增加，三个要素对经济增长贡献的大小，在不同的国家或不同的阶段是有差别的。一般而言，在经济比较发达的国家（或阶段），生产率提高对经济增长的贡献较大。在经济比较落后的国家（或阶段），增加资本投入或劳动投入对经济增长的贡献较大。

在不同的时期，由于稀缺的程度不同，生产要素对经济增长的促进作用也是不一样的。随着生产的增加，工业化开始加速，同时对于住宅的需求也有所增加，在这种情况下，既需要劳动的增加又需要资金的增加。因此，一般而言，在经济发展的初、中级阶段，对于劳动、资金等要素都有大量的需求。

在经济和社会发展进入城市化快速阶段，对资金的需求是巨大的。但是在城市化进入快速阶段以后，对于钢铁、水泥、电力这些基本要素的需求逐步开始下降，社会经济中也拥有了巨量的货币，在这种情况下，对劳动、资本的需求开始下降，土地需求成为工业化，特别是城市化阶段的稀缺要素。

可以看出，一个国家或者一个地区在不同阶段，对于劳动、土地，以及资本的需求是不一样的，如果能够认识到这些需求变化的规律，在这个过程中按照不同阶段增长的需要提前做出合理的安排，就能够做到科学发展。

（三）技术进步对经济增长的作用

科学技术是知识形态的生产力，它一旦加入生产过程，就转化为物质生产力。科学技术在当代生产力发展中起着决定性作用，技术进步已成为推动经济增长的主要因素。技术进步通过两种途径来推动经济增长：一是技术进步通过对生产力三要素的渗透和影响，提高生产率，推动经济增长；二是在高科技基础上形成的独立的产业，其产值直接成为国民生产总值的组成部分和经济增长的重要来源。

在工业化、城市化过程中，人们开始寻求更高层次的需求，实际上是对现代化及精神方面的需求。在这种情况下，社会对于对技术要素的需求进一步提高。人类社会的每一次重大进步都是与科学技术的进步密切相连的。比如18世纪蒸汽机的发明和19世纪电力的应用，极大地促进了工业的快速发展，加速了社会经济的发展。另外，航海、航空、航天领域的发展加速了科学技术的进步，同时也加速了社会经济的发展。所以，国家经济的发展从长远而言必须重视科学技术的发展，与科学技术相关联的是人才的培养和发展教育。

二、结构要素与经济增长

在经济发展中，结构变化如何影响经济增长这一问题已经引起人们越来越多的关注。按照经典的经济学理论，商品产生的基本原因是私有制和分工。从人类的发展过程中我们可以看到，每一次人类社会大的变革和发展都是由分工所引起的。人类社会发展史上的第一次大分工是农业与畜牧业的分工，第二次是农业与手工业的分离，第三次是出现了不从事生产而专门从事商品交换的商人。每一次分工都标志着人类文明的进步、经济的增长和社会的发展。现代社会，社会越发展，分工就越细，进而经济结构、产业结构就会越来越细分。

（一）经济结构要素与经济增长

改革开放40多年来，中国经济结构发生了深刻变化。在产业划分上，人们固有的概念都是三个产业。按照统计的通常划分，第一产业是指农、林、牧、渔业，第二产业是指采矿业，制造业，电力、燃气及水的生产和供应业，建筑业，除此之外的产业全归属于第三产业。产业结构的划分应该随着经济与社会的发展而不断丰富完善，除第一产业、第二产业外，把其他的都划入第三产业不合理也不科学。

实际上，随着新的科研成果和新兴技术的发明应用，会不断地涌现出新的行业，像现在非常发达的信息产业，堪称一个独立的产业。但不管怎么划分，每个产业的发展和新兴产业的出现都标志着人类向更高的文明阶段发展。人类发展的阶段越高，精神享受的要求就越高，而文化产业也就越发达。经济越发展，分工就越细，结构就越丰富。实际上这是个可逆的相互作用过程。反过来，结构越细分，就越利于经济增长，文明的程度就越高。

但是，经济结构是一个内涵非常广泛的概念，它一方面反映各种经济成分、要素互相联结、互相作用的方式及其运动变化规律；另一方面也是各类经济行为体在各个不同的经济领域按照一定的方式活动、构造具不同效能的经济侧面，进而介入经济生活的直接体现。任何一个社会的经济结构都是在多方面因素共同作用下的结果。就经济结构的组成而言，它会涉及产业结构、分配结构、就业结构、供给结构、需求结构等。然而，无论是何种社会制度，也无论社会生产力处于何等发展水平，只要经济行为是社会性的，都必然是在一定的经济结构之中活动，并同经济结构形成互动的关系。经济发展或增长的过程，实际上也就是经济结构不断演化升级的过程，其原因主要有以下方面：

1. 经济结构与经济增长是两个不同侧面

经济结构和经济增长是反映社会经济活动的具有较强关联性的两个不同的侧面。如果把经济增长视为经济总量不断扩大的过程，那么一定时期的经济总量实际上又等于所有结构的总量的话，那么经济增长也就等于结构总量的增长。从动态的角度看，分析经济增长根本无法离开经济结构这一前提，任何增长都是在一定经济结构条件下的增长，经济结构会从多方面对经济增长产生影响。因此，各类要素在不同经济空间的集聚如果符合社会经济发展方向，符合外部各项需求，那么这种经济结构就会给经济增长带来有利的影响，经济增长速度自然就会快一些，各类资源就会得到高效利用；反之，经济结构就会对经济增长造成阻碍，导致经济增长放慢或停顿，最终导致社会资源的损失和浪费。

2. 经济结构影响经济增长的方式

经济增长方式主要是指生产要素的组合使用的方式方法，它决定着生产力系统的整体效能和发展状况。在不同的经济结构形态之下，对要素的占有要求各有不同，各种要素间的相互替代水平亦不同，经济增长的源泉构成也势必会有所不同。美国学者彼特按照经济增长主动力的属性，把经济增长分为“要素（劳动力、土地及其他初级资源）推动”的增长、“投资推动”的增长、“创新推动”的增长和“财富推动”的增长。这四种不同的增长形式都要在一定的经济结构条件下才会出现。

3. 经济结构影响经济增长的效率

经济结构变化影响到经济增长的效率还可以从另外方面来看，即效率与微观的与投入和产出相关的经济变量。直白地说，也就是投入产出率。投入产出既同经济结构的需求结构有关，又同经济结构中的供给结构有关，如投入会影响需求的水平，产出会影响供给的水平，需求和供给又与社会的收入水准和分配结构紧密相连。因此，如果经济结构中的各个组成部分能够相互协调，各要素能量可得到充分释放，那么“经济增长价格”便会相对降低，经济增长质量相对也高。

4. 经济结构影响经济增长的周期

经济周期的波动是渗透于经济各部门的，如制造业、贸易、金融业等。我们说经济结构会影响到经济增长周期是因为经济结构变化始终是以资本投入、技术创新等因素增减为条件的，社会生产力构成（包括中间要素投入结构、产业固定资产的结构和技术结构）显然会对经济增长周期产生影响。从资本投入的角度看，无论是企业增大存贷投资，还是机器设备投资，或是房屋建设投资，乃至大型基础设施投资，如公路交通、水运码头、铁道隧道等，都必然会引起总需求变动，引致生产和就业的增加，为经济增长增添新的上升动力，改变经济增长的曲线，或者是延长增长的上升时间。而经常在经济长波下降阶段出现的重大技术创新，可为社会创造出新的增长快的产业，借此可克服下滑趋降波段的低速增长，把社会经济带入另一个具有较高增长速度的时期。

5. 经济结构影响经济增长的稳定性

受全球经济一体化的影响，现代社会的经济结构越来越多地表现出了世界性的特征，各种社会经济体系之间的联系越来越多，相互间的依赖性越来越强。在这样的条件下，社会经济结构的开放度、该社会在世界产业分工中所处的位置及经济专业化程度、产业转换的弹性大小等方面，都会对经济增长的稳定性带来影响。如果社会的出口商品在需求方面有高度收入弹性的话，经过一段时间后，其出口增长会表现为快过国民收入的增长；如果社会经济增长依赖的是易于受外部经济影响的产业，那么这一社会的经济增长稳定性就会较弱。

（二）公共财政支出结构要素与经济增长

财政政策作为政府宏观调控的重要政策工具，是政府在实现经济增长方式转变和产业结构升级中最直接的表现方式。由于积极财政政策属于总需求的范畴，而经济增长属于总供给的范畴，积极财政政策与经济增长之间需要通过一定的机制传导才能有效释放其效应。从宏观调控的角度来看，积极的财政政策一般包括扩大政府支出和减税两方面内容。财政具有资源配置、收入分配和经济稳定三大职能。而且，政府职能主要是通过财政职能来实现。从各国财政职能来看，财政都或多或少发挥了经济增长的职能。

1. 经济建设支出影响经济增长

经济建设支出是一种生产性的支出，一定的经济建设支出为私人部门的经济活动提供必要的外部条件，可以提高其产出能力。但是过多的经济建设支出就会排挤私人部门支出，并与私人部门争夺有限的社会资源，从而阻碍经济的增长。

我国的经济建设支出比重仍有上升的空间，而最关键的是其内部结构需要优化，对于一般的竞争性领域公共支出要逐步退出，以集中有限的支出强化国民经济的关键领域和重要产业的投资，促进产业结构与技术结构的升级。这样经济建设支出的效率才能从根本上得到提高，最大化地满足经济发展需要，使公共支出发挥促进经济增长的作用。

2. 文教支出影响经济增长

内生增长理论认为，人力资本形成是长期经济增长的关键因素之一；而贝克尔教授在其经典著作《人力资本》一书中曾指出，个人的教育和训练就像企业的设备投资一样，是最重要的人力资本投资。社会文教支出形成了政府对人力资本的投资，从理论上而言，它可以提高劳动者的素质与技能，推动生产率的发展，因此社会文教支出的增加可以对经济增长产生正的影响。从社会健康发展的需要出发，需要在规范收支的同时，优化公共支出结构，从总量和比重两方面提升社会文教支出的重要性，从而满足未来的发展需要和促进经济的更快增长。

3. 行政管理支出影响经济增长

从标准的资源配置理论而言，社会总资源最终是用于投资或消费。当社会有效需求不足时，增加政府消费性支出能扩大社会总需求，提高现有生产能力，特别是提高现有资本存量的利用率，进而提高利润率，对经济增长产生一定的拉动作用。但同时现代经济增长理论认为，投资是经济增长的主要推动力之一，消费性支出过多的增加会挤占生产性支出应有的份额，导致社会总投资减少，可能会阻碍经济的增长。行政管理支出是一种纯消耗性的支出。

行政管理支出是政府履行其职能的财力保障，因此，在我国公共支出结构的优化过程中，行政管理支出的比重迫切需要进行调整，有些方面要严格控制。由于使用的数据不一致和回归误差，公共支出结构对于经济增长的测算有差异，但是这里先不管哪一种测算更精确，有两点是一致的：一是财政支出可以影响经济增长是毋庸置疑的；二是财政支出结构需要优化。

第四节　投资、消费、贸易与经济增长

经济增长最终要靠消费拉动，但消费拉动经济增长的前提是要不断地增加投资。消费是一个衣、食、用、住、行不断升级换代的过程，当一个过程完成以后，就向下一个更高的阶段发展，即由一个成熟消费阶段向更高级消费阶段升级的过程，这个过程还要求技术不断地升级，同时要求不断地增加投入。

一、投资与经济增长

改革开放40多年来，中国经济之所以能够保持高度增长，除了制度、体制和机制变革的因素外，很重要的原因在于：一是不断引进、消化、吸收先进的科学技术，为经济发展奠定必要的技术基础；二是在发展中增量发行了很多货币，为投资拉动经济提供可能。经济增长的过程同时也是一个货币增加供应的过程，有时货币的增长甚至可以超过投资增长或者经济增长。

进入21世纪以后，社会整体正处在一个由衣、食、用向住、行，由低层级消费向更高层级消费快速转化的过程中，而在这个转化升级过程中蕴藏着巨大的投资空间。只有进行大量的投资，不断提高投资率，才能把这些投资转化成资本，转化成企业的利润，转化成就业和收入，转化成生产生活资料的消费，才能有效推动社会保障、就业等问题的解决，同时这也是有效应对、化解金融危机，实现经济持续又快又好发展的根本措施。经过投资发展，经济就可能达到一种相当高的程度。因此，探讨投资与经济增长的关系及其规律非常重要。

（一）理论关系

1. 投资率的计算方法

投资率通常指一定时期内资本形成总额（总投资）占国内生产总值的比重，一般按现行价格计算。国际上通行的计算方法为：

$$投资率=\frac{资本形成总额}{支出法GDP}\times 100\% \tag{1-1}$$

此外，社会上还存在另外两种计算投资率的方法：

$$投资率=\frac{固定资本形成总额}{支出法GDP}\times 100\% \tag{1-2}$$

$$投资率=\frac{社会固定资产投资完成额}{生产法GDP}\times 100\% \tag{1-3}$$

上述三种投资率的计算方法存在如下差异：①从分母来看，涉及生产法GDP和支出法GDP。理论上，生产法GDP与支出法GDP应该相等，但在实际核算中，二者并不完全一致。②从分子来看，式（1-2）的分子是固定资本形成总额，把它与存货变动合在一起，便是资本形成总额，即式（1-1）的分子。式（1-3）的分子是全社会固定资产投资完成额，它是我国固定资产投资统计的核心指标，它与固定资本形成总额在口径上有一定的差别。由于这种方法的资料容易获得，因而社会上也有很多人采用式（1-3）计算投资率。

固定资产投资对 GDP 增长的贡献率，是指当年固定资本形成额年度实际增量占当年 GDP 实际增加的比重，该指标是从需求角度分析固定资产投资增长与 GDP 增长之间的关系。具体公式如下：

$$固定资产投资对GDP增长的贡献率=\frac{当前固定资本形成年度实际增量}{当年GDP实际增量}\times 100\% \quad (1\text{-}4)$$

固定资产投资对 GDP 的拉动率 = 固定资产投资的贡献率 × GDP 增长速度（1-5）

上述指标都反映了投资与 GDP 之间的关系。投资率反映了当年投资总量与 GDPS 量之间的比例关系，贡献率和拉动率则反映了当年投资增量与 GDP 增量之间的比例关系。投资贡献率在本质上决定于投资率，因此在某种程度上对投资率的分析也适用于投资贡献率、

2. 投资与 GDP 的关系

投资增加，必然会增加有效需求，由此引起经济增长或 CDP 增加。经济学家瓦西里·列昂惕夫（w.Leontief）被西方主流经济学界认为是投入产出分析方法的创始人。

投入产出分析为研究社会生产各部门之间错综复杂的交易提供了一种实用的经济分析方法。列昂惕夫因发展了投入产出分析方法及这种方法在经济领域产生重大作用，从而备受西方经济学界的推崇。

实际上，马克思创立的剩余价值学说就是采取了投入产出的理论形式。根据剩余价值原理，资本家首先垫付一笔货币（称为垫付资本），实际上就是投入、预付。投入的货币资本分成两部分，其中用于购买生产资料的部分，称为不变资本；另外一部分用来购买劳动力，称为可变资本；垫付总资本为可变资本 + 不变资本。如果不变资本和可变资本每年周转一次，那么资本在一年内投入的生产资料成本在数值上等于不变资本；一年内投入购买劳动力的成本即劳动者工资在数值上等于可变资本；一年内产出商品的价值即销售收入，则销售收入超过成本的部分，就是剩余价值。

西方主流经济学的投入产出理论正是基于马克思的剩余价值理论。在生产过程中投入两种要素：企业家投入货币资本，劳动者投入人力；资本和劳动者都从产出中获得回报：资本的回报是利润，劳动者的回报是工资。

在英国经济学家卡恩运用乘数概念测量新增投资引起的就业增量占总就业量之比后，凯恩斯在《就业、利息和货币通论》一文中提出了投资乘数理论，用以分析投资变化对国民收入变化的影响。凯恩斯学说着眼于国民经济短期的稳定运行，认为通过扩大政府投资可以弥补私人投资和消费的不足，从而达到提高国民收入、促进经济增长的目标。新古典综合派发展了凯恩斯学说，提出总需求是由消费、投资、出口共同决定的。从短期看，可以通过扩张性的财政政策和货币政策，刺激投资需求，促进经

济增长。

新凯恩斯主义的哈罗德 - 多马模型强调了投资在供给方面对于国民经济持续增长的作用，认为高投资率可带来高经济增长率。索洛和斯旺建立的新古典增长模型认为，较高的投资率对短期的经济增长确有促进作用；但是从长期看，经济增长主要依赖于技术进步。内生增长理论用包括人力资本投资、研究与开发费用等在内的投资新概念，替代了传统意义的投资概念，再次得出高投资率带来高经济增长率的结论。从上述经济理论的主要观点看，扩大投资对于促进 GDP 增长能够发挥重要作用。

一定的投资增量将会引起总收入和就业的连锁反应和联动作用，从而导致总收入的增量几倍于投资的初始值，这一倍数即为投资乘数。因此，在欧美主流宏观经济学里有不少关于“乘数”的概念，如投资乘数、消费乘数、政府购买乘数、货币乘数、税收乘数、外贸乘数等。可以看出，对投资乘数的正确估算将不仅使我们掌握经济运行的实际状态，也将对政府在调控经济中采取适当的政策产生积极意义。

（二）高投资率

投资率主要反映的是一定时期内生产活动的最终成果用于形成生产性非金融资产的比重。高投资率，既会带来经济的高速增长，也会给经济带来负面影响，降低经济增长的质量和效率。通过深入研究投资与生产之间的关系，可以更好地分析经济的状态、增长类型和运行质量。其中，经济状态包括冷、热、适中等；增长类型包括投资拉动型、消费拉动型、外需拉动型等；运行质量包括投资回报情况等。

消费是拉动经济增长的主要动力，投资是经济增长的重要拉动力。高投资率有其必然性、合理性和积极作用。从一个较长时期看，高投资率是带动经济增长、增加财政收入、扩大就业的重要手段。较高的投资率是一个国家经济起飞必不可少的重要条件之一。另外，只有在一定阶段具有高投资率，才有可能为消费结构明显升级提供积累。

虽然高投资率有其必然性、合理性和积极作用，但高投资率仍有不合理和不可持续的一面。经济发展的最终目的是为了消费，而不是单纯的投资，从长远看，投资增长过快，消费增长过慢，会加大资源约束与环境保护的压力。必须加快转变增长方式，以提高投资的效益，合理调整投资与消费两者之间的比例关系。

支撑高投资率的主要因素有三个：一是投资回报率虚高；二是高储蓄率；三是外资流入量大。这三个因素相互关联，都有着不稳定性。譬如，由于基础设施、房地产和一些重化工业的大规模投资，引发了对钢材、水泥、能源、化工等相关行业产品的需求，使这些行业的产品价格猛涨、投资回报率提高，形成了供不应求的局面，这种局面和高投资回报率，又会刺激上述行业的投资，新一轮投资又会对基础设施和上述相关行业产品形成新的需求。如此形成了一个自我封闭循环，一旦这种循环的某一环节出现问题，投资回报率就会迅速降低，对钢材、水泥等行业产品的需求将很快下降，进而导致这些行业生产能力过剩，相关企业的还贷能力明显下降，银行的呆账、坏账也会上升，经济增长的稳定性就会受到影响。此外，投资率长期过高，还会增加资源与环境保护的压力，也会使经济运行绷得过紧，扭曲经济结构。

一般而言，投资是扩大再生产、提高生产能力的重要手段，较高的投资率不仅可以直接带动生产的增长，还会带动居民消费的增长。表面上，在国内生产总值一定且净出口保持基本稳定的情况下，资本形成总额和最终消费额是此消彼长的。一个国家（或地区）的 GDP 如果用于投资的部分多了，投资率就会提升，那么可用于消费的部分就减少了，消费率就相对降低了。实际上，由于保持较高的投资率，投资中一部分直接转化为工资或其他的劳动报酬，另一部分会直接转化为消费。一些国家和地区为保持经济较快的增长，维持较高的投资率水平。但当经济发展到一定水平后，投资率会逐步趋缓并下降，消费率逐步提升。此时，经济增长也由投资拉动为主转为以消费拉动为主，此后消费率则保持较高水平。

正确认识高投资率的风险，并在这一前提下保持经济的健康稳定发展，这是宏观经济调控的一个重要任务。在一个只有消费品和资本品两种商品的简单经济中，如果生产要素越来越多地用于生产资本品，则一定意味着资本品比消费品具有更高的相对价格；也只有资本品比消费品具有更高的相对价格时，才可能导致更多的社会资源流向资本品的生产和提供，使最终实现的产出组合在生产可能性边界上向资本品那一端靠近，从而使资本品产出在总产出中所占的比例更高。

城市化会带来较高的投资率。换言之，在城市化过程中，将有更多的产品用于投资，而不是消费，将有更多的生产资料用于生产资本品，而不是消费品。在市场经济中，是价格机制在指引市场将更多的社会资源配置到生产资本品的领域。既然城市化将影响资本品和消费品的相对价格，也就能影响一般物价水平，从而使城市化过程中的物价波动具有自身的特征。城市化导致资本品价格上涨，而消费品的相对低价格又会刺激消费需求，消费需求的扩张连同城市化带来的投资需求扩张，将导致总需求扩张；总需求扩张将带来普遍的物价上涨，物价的普遍上涨又将受制于宏观调控，而宏观调控最先起作用的领域是资本品市场，将导致资本品价格下降。

资本品价格下降将产生三个效应：一是抑制生产资源向资本品领域流动，使更多的资源转向消费品的生产领域，从而降低资本品的供给，增加消费品的供给；二是提高消费品的相对价格，降低对消费品的需求，这两个效应的同时作用将使消费品的价格下降，进而带动一般物价水平的下降；三是将重新导致对资本品的需求增加，加上物价的普遍下降所造成的宽松的宏观经济政策环境，资本品价格又将重新上升，将有更多的资源配置到资本品的生产领域，新一轮的城市建设重新开始。如此循环往复，城市化过程中的物价波动和整个宏观经济波动具有不同的特点。

综上，城市化中的总需求膨胀是必然的。这种总需求膨胀既可能是单纯的投资膨胀，也可能是投资和消费同时膨胀。不过，如果投资需求增长过快，资本品的相对价格过高，则可能出现一些低效率的现象，并且可能导致过多的资源配置到资本品领域，这也将带动消费品价格快速上涨，从而过快出现总需求的过度膨胀，最终导致严厉的宏观调控，影响经济稳定增长。一旦认识到城市化过程中价格波动和需求膨胀的特征，宏观调控就有了明确的方向。首先，资本品比消费品有更高的相对价格是城市化过程中的一个正常的现象，宏观政策没有必要通过刺激消费、抑制投资来消除两者的价格差异。正确的宏观经济政策原则应该是既要维持资本品和消费品比价的逐步上升，又要避免比价的过快上升和拉平比价的企图。其次，一旦出现资本品价格过度上涨而消费品价格基本不动的情况，则既不能认为经济已经出现了过热而采取全面的紧缩政策，又不能忽视资本品价格过度上涨即将带来的危害。

此时，宏观经济政策的作用方向应该是对基础设施和房地产投资需求的适度抑制，而不应该针对资本品生产领域和生产资本品的投资领域采取紧缩政策，如对钢材、水泥等行业的紧缩，在某些情况下，甚至可以对资本品的生产领域和生产资本品的投资领域采取鼓励政策。另外，经济自出现了下滑倾向，通过财政政策直接进行基础设施建设等扩大固定资产投资需求的宏观政策将比货币政策更直接、更有效地刺激经济重新进入城市化过程中的正常经济增长轨道。

二、消费与经济增长

经济的增长最终要靠消费拉动。在消费市场不断趋向成熟的过程中，居民消费率逐渐趋向黄金结构。经济增长最终要靠消费拉动。在通常情况下，消费与居民收入水平呈正相关。中国的消费潜力巨大，市场具有无限性。但是，如何才能提高人均收入，如何才能将巨大的潜在需求变为市场的现实，问题却显得非常复杂。

（一）消费率

消费率（又称最终消费率），通常指一定时期内最终消费（总消费）占国内生产总值的比率，一般按现行价格计算。用公式可表示为：

$$消费率=\frac{最终消费}{支出法GDP}\times 100\% \qquad (1-6)$$

其中，最终消费包括居民消费和政府消费。

社会上也有人用社会消费品零售总额代替最终消费，用生产法 GDP 代替支出法 GDP 计算消费率，但这种方法低估了消费率。这是因为实际中社会消费品零售总额与最终消费存在较大差异，它仅与最终消费中的商品性货物消费相对应，服务性消费以及实物性消费、自产自用消费和其他虚拟消费都不包括在内，不能全面反映生产活动最终成果中用于最终消费的总量。

消费率反映了生产活动的最终成果用于最终消费的比重。通过观察消费与生产之间的关系，可以研究经济的增长类型和运行质量，揭示其发展规律。

（二）恩格尔系数

恩格尔系数是指食品支出总额占个人消费支出总额的比重，用公式表示：

$$\text{恩格尔系数}=\frac{\text{食物支出金额}}{\text{总支出金额}}\times 100\% \qquad (1\text{-}7)$$

德国统计学家恩格尔根据统计资料，总结出了一个消费结构变化的规律：一个家庭收入越少，家庭收入中（或总支出中）用来购买食物的支出所占的比例就越大，随着家庭收入的增加，家庭收入中（或总支出中）用来购买食物的支出比例则会下降。简单而言，一个家庭的恩格尔系数越小，就说明这个家庭经济越富裕。反之，如果这个家庭的恩格尔系数越大，就说明这个家庭的经济越困难。除食物支出外，衣着、住房、日用必需品等的支出，也同样在不断增长的家庭收入或总支出中，所占比重上升一个时期后，呈递减趋势。推而广之，一个国家越穷，每个国民的平均收入中（或平均支出中）用于购买食物的支出所占比例就越大，随着国家的富裕，这个比例呈下降趋势。国际上常常用恩格尔系数来衡量一个国家和地区人民生活水平的状况。

三、对外贸易与经济增长

通常人们习惯称进出口是拉动经济增长的马车之一，实际上，在全球统一的经济场中，一国的出口相当于投资，进口相当于消费。这里我们仍然按照通常的习惯来研究进出口与一国经济增长的关系。国际上通行计算外贸依存度的方法是计算一国进出口贸易总额占国内生产总值（GDP）的比重，它通常用来衡量一国或地区的经济对国际市场的依赖程度。外贸依存度同时考虑进出口因素，都是我们分析中国经济外向情况的一个方面。有些经济学者在计算外需对中国经济的拉动作用时，认为只有净出口才算是外需，得出中国的外需对中国 GDP 贡献不大，他们认为这只不过是大进大出，真正的外需（净出口）对 GDP 的贡献很少。

仅计算出口对经济的影响显然是不全面的，中国的事实是进口也对经济有极大的影响。但是进口对于经济的影响不能简单从数字来分析，需要分析进口结构，譬如进口的是附加值高还是附加值低的产品，对此会有不同的增长结论。中国经济的增长有许多影响因素，对外贸易只是其中的一个因素。

（一）对外贸易及其表现形式

对外贸易或国际贸易是指世界各国之间货物和服务交换的活动，是各国之间分工的表现形式，反映了世界各国在经济上的相互依存。从国家角度可称为对外贸易，从国际或世界角度可称为国际贸易或世界贸易。就各国而言，对外贸易最通常的表现形式就是进出口。

全球化促使各界市场的形成，促进了国际交换的发展。世界交换的迅速发展，导致了世界货币的出现。只有对外贸易，只有市场发展为世界市场，才使货币发展为世界货币。随着国际贸易和国外投资的发展，逐步形成了适应于资本主义生产方式的国际货币体系，最后形成了资本主义经济体系和相应的经济秩序，为国际贸易的发展奠定了基础。与此同时，随着商业资本的发展和国家支持商业资本政策的实施，产生了从理论上阐述这些经济政策的要求，逐渐形成了重商主义的理论。

长期以来，人们在分析对外贸易是如何影响经济增长的时候，总是把注意力集中在出口上，认为只有出口才对经济增长起推动作用。这种认识正是来源于早期的国际贸易理论——重商主义。重商主义认为贵金属（货币）是衡量财富的唯一标准。一切经济活动的目的都是为了获取金银。除了开采金银矿以外，对外贸易是货币财富的真正的来源。因此，要使国家变得富强，就应尽量：使出口大于进口，因为贸易出口才会导致贵金属的净流人。一国拥有的贵金属越多，就会越富有、越强大。因此，应该竭力鼓励出口，不主张甚至限制商品（尤其是奢侈品）进口。

随着全球经济形势的变化，人们逐渐注意到进口对经济增长的作用。特别是现代经济增长理论从长期供给角度分析，认为经济增长的主要因素是要素供给的增加和全要素生产率的提高两大类。全要素生产率的提高包括产业结构优化、规模经济、制度创新、知识进步等，而这些因素则与进口和利用外资有着密切的关系。

（二）国际贸易存在的主要原因

国际贸易存在的原因很多，但主要表现在以下方面：

（1）各国的生产要素供给存在差异。世界各国由于各自的先天条件不同，所以生产要素的供给状况也不尽相同。各国产品所需投人的要素比例又存在差异，有些产品需要集中使用土地，有些产品需要密集使用资本，有些产品需要大量劳动力，还有些产品则需要高科技含量。因此，土地丰富的国家，有利于发展土地密集型产品生产，如种植业和畜牧业；资本和技术丰富的国家，有利于生产资本和技术密集型产品，如汽车和计算机；而劳动力资源丰富的国家，有利于生产劳动密集型产品。若各国按其所长，分工生产相对优势产品，而后进行贸易，不仅可以互通有无、调剂余缺，而且能促进生产资源的有效利用，增加产品总量，提高经济福利和生活水平。可见，国际贸易很有必要且对各国都有利。

（2）由于制度、文化等贸易壁垒，国际生产要素缺乏流动性，生产要素在国与国之间不像在一国内部那样容易流动，所以才会发生商品和劳务的国际贸易，以弥补国际生产要素相对缺乏流动性的不足。

（3）各国的科学技术存在差异。由于各种原因，世界各国的科学技术水平有高有低，技术水准高的国家有利于生产技术密集型产品，而技术水准低的国家凭借现有技术根本无法生产或必须花费巨大的代价才能生产某些产品，因此唯有通过国际贸易，以彼之长补己之短，才能促进经济繁荣，提高生活水平。

从历史的角度来看，国际贸易是市场化的进一步发展。市场化的水平是随着社会的不断发展而逐步提高的。在封建社会，市场只是局部的，而随着资本主义商品经济的发展，市场化的水平不断提高。目前，随着经济的全球化及非市场经济国家的逐步对外开放，世界正在向统一市场逐步迈进。尽管距离真正世界统一的市场还比较遥远，不过，从整体上来看，世界各国之间的市场统一化态势已经基本形成。

第二章　现代经济发展与增长理论

随着现代经济的发展，各种在实践基础上总结分析出来的理论层出不穷。经济增长理论可以更好地阐释经济增长的本质与规律，从而帮助更好地制定经济政策等。本章重点阐释现代经济发展理论、新古典经济增长理论机制、新兴古典经济增长理论机制。

第一节　现代经济发展理论分析

中国近现代史贯穿着两个最基本的问题：一个是要求民族独立，另一个是要求以工业化为核心的现代化。这两个问题是相互影响、相互依存的，中国现代经济发展理论正是在对这两个问题的思考和研究基础上随着经济现实的发展而发展的，其发展过程是演进的、连续的、渐进的。中国现代经济发展理论作为一份宝贵的思想财富，其不少思想成果对经济发展、改革开放具有重要的理论价值，有必要对其特点加以总结，并能在这些特点之中得到一些感悟，为中国今后的发展铺垫更为坚实的理论基石。

一、以马克思主义基本理论为指导

在马克思基本经济理论基础上，众多的马克思主义经济学家进行了辛勤的工作，取得了很多具有价值的研究成果。这些成果是对马克思经济理论的进一步丰富，进而逐渐发展为马克思主义经济理论体系。它不仅科学合理地解读了资本主义经济，与此同时，也是进行中国特色社会主义建设的科学指导。

中国现代发展经济理论主体是以马克思主义基本原理为指导思想，并在不断的实践中丰富，这就是所谓的“马学为体”的学术原则。“体”，在中国古代哲学语言的含义是“根本的、内在的”。中国现代发展经济理论主体必须坚持“马学为体”，就是要始终坚持马克思主义经济学是中国现代发展经济理论的根本和主导。同时中国现代发展经济理论主体在其研究方向上，毫不动摇地坚持唯物史观的指引，遵循着马克思主义的理论道路前进；在内容上，毫不动摇地以马克思主义经济学体系中的基本范畴、科学原理为主体，不断面对新的历史条件进行拓展和创新；在处理中、外多元经济思想的关系上，毫不动摇地坚持马克思主义经济学的指导地位。

中国现代发展经济理论主体以“马学为体”，在发展中国现代发展经济理论主体的时候，必须要牢牢地把握“马学为体”的思想，只有这样才能使现代发展经济理论朝着一个更科学合理的方向发展；反之，如果不加选择地盲目地接受西方现代经济学，这样很可能就会使其陷入一个停滞不前的境地，很难再促进其实现更大的发展。

中华民族争取民族独立和解放的百年历史，昭示着中国马克思主义理论指导中国实践的巨大力量；中国人民实现民族复兴和发展的征程，彰显了中国马克思主义理论指导中国实践的光辉前景。坚持和发展马克思主义理论，对于推进中国特色社会主义伟大事业具有十分重大的意义，这也是中国发展经济理论的指导思想。

二、以中国的实际情况为基本内容

中国现代经济理论主要是研究以辛亥革命以来我国人民在实现国家富裕的过程中的经济理念、特点和规律性的科学。在中国新民主主义革命与中国特色社会主义经济建设过程中这些理论逐步地得到发展。中国现代经济发展理论主体部分的研究，主要内容围绕中国发展的实践问题——实现现代化，是马克思主义中国化的基本体现形式。

中国在发展经济的过程中所积累的经验对其他国家具有很强的指导意义，这些所谓的中国版的发展经济学在世界范围内都会产生很重要的影响。自中华人民共和国成立以来，我国在进行经济建设的各个时期的指导思想以及发展思路都在不断地更新。改革开放 40 多年来，在党的领导下全国人民在进行现代化建设过程中积累了大量宝贵的经验，这些宝贵的理论更是对社会主义发展理论的又一次丰富完善。

中国现代经济发展理论以我国的基本国情为依据，通过对生产力与生产关系的科学分析来得出进行经济建设的环境、进程、条件、特点，并从中抽象出“现代化”这一概念的科学含义，进而形成了结合我国基本国情的具有中国风格的中国现代经济发展理论。它能够为我国现代化建设进行科学合理的指导。

三、实行发展战略与实际政策相结合

中国现代经济发展理论的基本内容大多具有很强的政策取向，是我国经济政策制定的基础，也是我国制定经济发展战略的主要理论依据。它所具有的强烈政策内涵，使得能够在中国现代经济发展理论中获得各个方面的政策启迪。理论与政策相结合表现得尤为明显，是其主要特色之一。

第二节　新古典经济增长理论机制

同其他经济学分支一样，经济增长理论的研究对象也是极其复杂的经济系统，所以，在进行经济增长问题研究时，我们要将经济系统分解为若干个子系统，然后将子系统组织成一个分析框架。

经济增长理论旨在解释或（和）预测经济增长事实。因此，经济增长理论分析框架的选择要有利于理解经济增长事实，尤其是其主要特征。在经济学家看来，经济增长事实的主要特征有两个：一是经济增长是一个长期动态过程。经济增长的动态性是显然的；至于长期性的理解，要注意与短期经济波动，也就是经济周期区别开来。经济周期多由总需求方面的因素引起；经济增长则主要是总供给方面因素变动的结果。二是经济增长是"（移动的）均衡状态"，具体而言，它是经济活动参与人最优化决策及其交互作用的结果。至此，经济增长事实可以被概括地表述为：它是经由经济活动参与人最优化决策行为及其交互作用，而达成的长期结果，这一结果被称为均衡状态。

正是基于对经济增长事实的这种理解，经济学家通常以经济行为人的最优决策行为为中心来组织经济增长理论的分析框架。这一框架包括以下四个层次：

第一层次，经济行为人决策前的经济环境。这一层次的内容，一般以"假设条件"出现在经济理论当中，它是经济理论的逻辑起点。经济增长理论中的假设条件主要包括市场结构、生产函数和效用函数等。

第二层次，经济学家用数学中的最优化决策理论分析经济行为人的自利行为。在经济增长理论中，经济行为人的自利行为包含时间因素。换言之，经济行为人的决策是动态最优行为。这一决策的结果被称为决策的动态和比较动态分析：前者指经济环境不变时，动态最优决策的结果；后者则指经济环境变化时，动态最优决策如何做出反应。这种分析用经济环境来解释经济行为人的最优决策及其变动。

第三层次，经济学家用均衡概念分析不同经济行为人的自利行为交互作用所产生的结局。在经济增长理论中，这一次层次分析得到的结果，一般被称为均衡的动态和比较动态分析：前者主要说明经济环境不变时，经济行为人自利行为交互作用的结果；后者则分析经济环境变化时，交互作用结果如何变化。这三个层次的分析都被叫作实证分析。

第四层次，与价值判断有关的所谓规范分析。在这个层次上，经济学家会提出诸如“什么是对社会最好的经济状况”这类问题。具体到经济增长理论，经济学家进行规范分析的通常做法是，将一个分散经济的均衡解同一个假想的仁慈计划者最优化问题的结果进行比较。

不难发现，在运用上述分析框架之前，还需要解决以下问题：经济社会有哪些经济行为；他们又各自要做哪些决策；我们称之为“经济行为人及其决策的认定”问题。一般地，由于经济增长是宏观经济现象，所以，经济增长理论遵循宏观经济学的传统，将经济行为人分为四类：厂商（生产者或企业）、居民（消费者或家庭）、政府和国外部门。当然，更多的时候，只考虑仅有厂商和居民的两部门经济。甚至，在做出了不存在宏观经济短期问题的假设之后，可以认为经济中只有一种组合单位，即家庭—生产者。

至于厂商和消费者各自的最优决策及其交互作用，可以表述为一般均衡结构：首先，家庭拥有经济中所有的投入和资产（包括企业的所有产权），并在其收入中选择储蓄与消费的比例。每个家庭决定要生多少孩子，是否加入劳动力市场以及工作多少时间。家庭进行这些决策的目的是使其效用最大化。其次，企业雇用诸如劳动和资本之类的投入，而且利用这些投入来生产卖给消费者或其他企业的产品。企业拥有持续演变的技术，使得它们能够将投入转化为产出。企业的目标是利润最大化。最后，企业向家庭或其他企业出售产品，家庭向企业出售投入，这就构成了市场。需求和供给决定了投入和所生产出的产品的相对价格。

长期以来，关于经济行为人及其决策的认定，经济增长理论都遵循着上述传统。这一传统的主要特点有两个：一是生产者与消费者的分离是事先给定的；二是生产者与消费者都以“总体”形式存在。前者沿袭了新古典经济学的分析方法，也就是所谓“马歇尔传统”；后者则刻上了宏观经济学分析方法的印记。然而，不得不正视的事实是：面对复杂的经济系统，这两种方法都存在着或多或少的缺点。换言之，如果能够放松这两个假定，那么经济增长理论的解释力应该能够得到提高。

一、新古典经济增长理论的索洛—斯旺模型

（一）索洛—斯旺模型的基本假定

1. 完全竞争的市场结构

索洛—斯旺模型是在完全竞争条件下展开的。在这里，“完全竞争”被理解为一

个市场结果，它符合如下主要的假设条件：①许多厂商。市场中存在许多的厂商，多到每一个厂商的产出占到整个市场的份额是微不足道的。②产品同质。产品同质在这里指消费者认为不同厂商的产品是相同的、无差别的。③信息完全。买者和卖者拥有包括产品价格和质量在内的全部相关市场信息。④进出自由。厂商可以在任何时候不需要任何成本迅速地进入或退出某一行业。⑤无交易成本。无论是卖者还是买者，都不会因为参与市场交易而导致成本。⑥无外部性。每家厂商都承担自己生产过程的全部成本，同时得到其全部收益。

关于完全竞争的假设的认定，经济学家之间还存在一定的差别，但是，这种差别不是实质的，这是因为上述这些假定之间并非彼此独立的。例如，和人们的理解不同，有一些经济学家（卡尔顿和佩罗夫）将“价格接受者”（Price-takers）假定也列入其中，而没有“许多厂商”这一假定。但是，两者并不矛盾，因为有了假定“许多厂商”和“产品同质”，就势必有“价格接受者”这一推论。其实，信息、交易成本和外部性之间本身就存在着密切的关系。

不可否认价格接受者假定是完全竞争的最为主要的含义，因此，在一定意义上，两者可以不加区分。但是，注意到两者之间的差别是有意义的，至少对于经济增长与发展理论是这样的。两者最主要的差别是，完全竞争比价格接受者假定更为严格。换言之，完全竞争条件下的买卖双方一定是价格接受者，反之，则未必然。新经济增长理论中的“边干边学”模型就是一例。当边干边学带来技术进步时，外部性就出现了，换言之，完全竞争的条件遭到了违背。但是，厂商仍然是价格接受者。

2. 关于经济行为人及其决策认定

有了完全竞争假定之后，如何认定经济行为人就不太重要了。我们既可以认为经济行为人是彼此独立的家庭与生产者，也可以将它看成是融两者于一体的一个组合单位，甚至还可以将它理解为一个被传统计划经济思想所认为的仁慈的社会计划者。因为在“无交易成本”和“信息完全”的假定下，这些形式的经济行为人都可以做到配置有效率，只要他们是理性的。从这一点来看，20世纪二三十年代关于市场社会主义的大辩论中，兰格—勒纳—泰勒定理所表述的市场社会主义与市场经济可以具有等效性的观点，就有了“几分道理”，认为它存道理是因为，如果信息是完全的，那么，计划经济就同市场经济一样能够保证资源配置有效率。加上引号的原因则是，这一条件（也就是信息完全的假设）根本无法得到满足。与计划经济相比，市场经济在搜寻信息方面具有更强的能力，因此，在信息不完全的条件下，它的资源配置效率更高。

在此，可以将经济行为人理解为一个融消费者与生产者于一身的组合体。一方面，作为消费者，他拥有生产要素，并决定消费和储蓄之间的比例；另一方面，作为生产者，他控制着将投入转化为产出的技术，进行生产活动决策。

3. 单部门生产技术和其他若干假定

在经济增长理论中，所谓“单部门”并不是说经济中真正只存在一个（最终品或者中间品）生产部门，而是指经济中的所有生产部门（包括最终品部门和中间品部门）都使用同样的生产技术。也可以按如下方式来理解单部门技术假设：整个经济只生产一种组合商品（a single composite commodity），它既可以用于消费，也可以用于投资，并且，在消费和投资之间可以不花费任何成本地进行相互转换。有了单部门生产技术假定，所有资源都被充分利用的假设就有了依据；换言之，正是有了资源被充分利用的假定，我们才可以使用单部门技术假定。

其他假定主要有：①储蓄率是外生给定的。有了这一假定，经济行为人就不必进行储蓄与消费比例决策了。②所有要素都得到了充分利用，换言之，经济中不存在经济周期问题。③资本折旧率是外生给定的，并保持不变。④劳动是外生的，并假设其以不变的速度增长。

（二）索洛—斯旺模型的生产函数

本来，生产函数也应该算作是一个假设条件，但是，由于它在经济增长理论中所起的作用较为重要，所以可将它独立出来。

1. 生产函数的投入与产出

根据是否包含技术进步和（或）人口增长，索洛—斯旺模型所使用的生产函数可以被区分为三种情形。在同时存在技术进步和人口增长的条件下，索洛—斯旺模型使用的生产函数一共有四个变量：产出（Y）、资本（K）、劳动（L）和“知识”或“技术”（A）。经济通过组合一定量的劳动、资本和技术来生产一定的产出。生产函数可以写为：

$$Y(t)=F\left[K(t),\ A(t)L(t)\right] \tag{2-1}$$

这里 t 表示时间，为简单起见，下文中一般省去。这一生产函数有两个值得注意的特征：

第一，时间是通过 K、L 和 A，而不是直接进入生产函数的。换言之，只有当生产过程中的投入改变时，产出才会随时间改变。而要想从既定的投入中生产出更多的产出，就只有等到技术进步，即 A 的增加。用数学语言来讲，在这里，技术是作为变量，而不是作为函数法则进入生产函数。用本书所发展的术语而言，这里的技术是要素增加型而不是非要素增加型。这里所讲的意思是，函数（2-1）不同于下述函数：

$$Y(t)=F\left[K(t),\ A(t)L(t)\right] \quad (2\text{-}2)$$

在生产函数的使用方面，许多经济增长文献在没有讲明缘由的情况下，就直接从函数（2-2）过渡到了函数（2-1），这种做法容易让人误以为技术进步只表现为要素增加型，而不存在非要素增加型。式（2-2）构成了存在工艺进步情况下总体生产函数的最一般形式，但在文献中广泛采用的却是另外一个公式。在这个方法中，技术进步被说成是增添要素的。在这个公式中，总生产函数可写作这里的式（2-1）。

第二，K 和 L 是以相乘的方式进入生产函数的被称为有效劳动，以这种方式进入生产函数的技术进步被称为劳动扩张型或哈罗德中性。之所以哈罗德中性技术常常被用于经济增长模型中，是因为它被证明与稳态经济增长是相容的。

如果不存在技术进步，但存在人口增长，那么生产函数就要采取如下型式：

$$Y=F(K,\ L) \quad (2\text{-}3)$$

进一步，假若技术进步和人口增长都不存在，生产函数就要被写为以下样式：

$$Y=F(K) \quad (2\text{-}4)$$

2. 生产函数的规模报酬

在索洛—斯旺模型中，生产函数的规模报酬是被假定为不变的。所谓规模报酬不变是指这样一种情形：当所有的投入都改变相同的比例时，产出也改变相同的比例；当某个生产函数规模报酬不变时，是指它满足如下条件：

对于式（2-3）而言，有：

$$F=(cK,\ cL)=cF(K,\ L),\ c\geqslant 0 \quad (2\text{-}5)$$

对于式（2-1）而言，则有：

$$F(cK,\ cAL)==cF(K,\ AL),\ c\geqslant 0 \quad (2\text{-}6)$$

看得出，我们是将上式中的也当成一个整体（一个要素）来对待。

规模报酬不变假设可以被看成是另外两个暗含的假设的结果。一个是所考察的经济规模已经足够大，以至于能从专业化生产中获利的机会不再存在。换言之，当经济规模较小时，随着投入的增加（经济规模的扩大），生产的专业化水平有可能进一步提高，进而导致要素的生产效率提高，这样，产出的增加就会比要素的增加幅度更大一些。另一个是除了劳动、资本和技术以外，其他的要素（如土地）并不重要。如果土地很重要的话，那么，由于土地很难做到不停地增长，规模报酬不变就很难得到保证。这里要强调的是，导致要素在生产中不重要的原因有两种：一是生产中可以不需要某一种要素；二是生产中需要某一要素。但是，经济所拥有的该要素数量特别大，可以做到不对生产活动产生限制作用。

有了规模报酬不变这一假设，我们可以将生产函数写成集约型式（Intensive

Form），如果令式（2-3）中的$c=\frac{1}{L}$，则该式就可以写成如下集约型式：

$$y=f(k) \tag{2-7}$$

这里，$y=\frac{Y}{L}$。类似地，对式（2-1）而言，只要令$c=\frac{1}{AL}$，那么，它就可以变成：

$$F\left(\frac{K}{AL},1\right)=\frac{1}{AL}F(K,\ AL) \tag{2-8}$$

$\frac{K}{AL}$为单位有效劳动所拥存的资本数量，$\frac{F(K,AL)}{AL}=\frac{Y}{AL}$，是单位有效劳动所拥有的产出水平。我们可以将单位有效劳动产出写为单位有效劳动资本的函数。

从上述生产函数的集约型式，我们可以看到规模报酬的直观含义：可以将一个经济分解为L（或AL）个规模相等的小经济，并且，这种形式的分解可以一直进行下去。这样一来，就有了两个非常重要的结果：①这一经济的厂商数量就是未定的，因此，可以将它看成符合完全竞争经济的“许多厂商”假定；②对整个经济的讨论就可以被简化为对一个代表性厂商的讨论。

最后，关注一下规模报酬与生产可能性集合之间的关系。同生产函数一样，生产可能性集合也可以用来表示生产技术。如果一个生产可能性集合是凸的，那么，它所代表的技术就不可能呈现规模报酬递增。因此，可以称所有规模报酬不递增的技术为凸技术。

3. 生产函数的要素边际报酬

关于要素的边际报酬，索洛—斯旺模型有两个假定，我们以式（2-3）为例来加以说明。对于式（2-1）而言，也有着同样的性质，只需要将AL当成一个整体来看就可以了。第一，对于所有的K>0和L>0，每一种要素的边际报酬为正且递减：

$$\begin{aligned}&\frac{\partial F}{\partial K}>0,\frac{\partial^2 F}{\partial K^2}<0\\&\frac{\partial F}{\partial L}>0,\frac{\partial^2 F}{\partial L^2}<0\end{aligned} \tag{2-9}$$

第二，随着资本（或劳动）趋于零，资本（或劳动）的边际产品趋于无穷大；随着资本（或劳动）趋于无穷大，资本（或劳动）的边际产品趋于零：

$$\begin{aligned}&\lim_{k\to 0}(F_k)=\lim_{l=-0}(F_L)=\infty\\&\lim_{k\to\infty}(F_k)=\lim_{l=\infty}(F_L)=0\end{aligned} \tag{2-10}$$

这一性质被称为稻田条件。

一般地，在经济增长理论中，当一个生产函数同时具备规模报酬不变、边际报

酬 递减和稻田条件时，它就被认为是新古典生产函数。换言之，新古典生产函数的性质由式（2-5）或（2-6）、（2-9）和（2-10）给出。

新古典生产函数的三个性质的直观含义是：①生产过程同时需要两种要素，换言之，两种要素之间的相互替代性是有限的，也就是不存在完全的相互替代；②两种要素之间存在一定的比例关系，一旦这一比例得不到满足，数量较多的要素的边际产出就会在数量较少的要素的制约下出现递减；③随着这一比例的进一步扩大，数量较多要素的边际产出一直会递减至等于 0。正是这三个性质给出了新古典生产函数的法则。

有了以上的假定，我们现在可以对模型进行分析了。为了让分析清晰一些，根据所采用的生产函数的不同，将分析由易到难分为三种情形：不存在人口增长和技术进步、存在人口增长但不存在技术进步和同时存在人口增长与技术进步。

二、新古典经济增长理论的拉姆齐模型

与索洛—斯旺模型相比，拉姆齐模型的最大特点是它放弃了储蓄率外生给定并保持不变的假定，取而代之的是，认为储蓄率是消费者（家庭）跨时期效用最大化决策的结果。这样，拉姆齐模型就自然要涉及动态最优化问题。在求解动态最优问题时，拉姆齐使用的是古典变分法，凯斯和库普曼斯使用的则是控制论中的最大化原理。因此，准确地讲，这里所讲述的模型是经过凯斯和库普曼斯改进之后的拉姆齐模型。

在讨论拉姆齐模型时，我们将主要关注最大化原理在经济增长理论中的运用方式，这是因为：一方面，在下文中最大化原理将被广泛使用；另一方面，就基本内容和主要结论而言，拉姆齐模型与索洛—斯旺模型几乎没有差别。在这里，将讨论一个包含人口增长和外生技术进步的拉姆齐模型。除了放弃储蓄率外生给定这一假设以外，索洛模型的其他假设在这里被悉数保留。为了保证稳态的存在，我们仍然假定技术进步是哈罗德中性的。

由于市场结构是完全竞争的，所以，经济行为人及其决策的认定就是无关紧要的了。不过，为了熟悉不同条件下模型的分析方法，这里假设经济行为人是彼此独立的消费者和厂商。换言之，我们要讨论的模型描述的是一个拥有竞争性家庭和企业的分权经济。

（一）拉姆齐模型的经济均衡条件

通过对索洛模型的探讨可以知道，对经济进行动态分析的关键是要找到决定资本

变动路径的基本微分方程。而寻找基本微分方程又总是从经济均衡条件入手。经济均衡条件的集约型式：

$$\dot{k}=f(\hat{k})-\hat{c}-(n+g+\delta)k \tag{2-11}$$

不难发现，上述方程含有两个变量：资本和消费。为此，我们必须设法找到消费与资本之间的关系，并利用这一关系将其中的消费给代换掉。在索洛模型中，储蓄率被假设已知，正是这个已知且不变的储蓄率提供了消费与资本之间的关系，用公式可写为：

$$\hat{c}=(1-s)\cdot f\quad\hat{k} \tag{2-12}$$

然而，在这里，储蓄率不再是外生（不变）的，所以，我们还得去寻找消费与资本之间的关系。寻找这一关系包含两个步骤：先是通过消费者（家庭）跨时期效用最大化行为，找到利率与消费之间的关系；然后经由厂商利润最大化行为，得到利率与资本之间的关系。为了行文方便，可以称这两种关系分别为“利率—消费函数”（曲线）和“资本需求函数”（曲线）。综合这两步，通过利率就可以找到消费与资本之间的关系。

进一步，由于假设经济不存在经济周期，所以，经济均衡条件决定着消费与资本之间的此消彼长的关系。只要联立利率—消费函数与经济均衡条件（也就是决定资本路径基本微分方程），并消去消费，就可以得到利率与资本之间的关系。与刚才经由厂商利润最大化行为得到的利率与资本关系（资本需求函数）不同，现在的利率与资本之间的关系是通过家庭效用最大化行为得到的。故此，可以称这一关系为“资本供给函数”（曲线）。

（二）拉姆齐模型的消费者最大化行为

既然利率—消费函数是家庭效用最大化决策的结果，那么，先要就家庭的决策背景做出假设。

1. 家庭决策的目标函数

家庭决策的目标函数是家庭的效用函数。函数是瞬时效用函数，也常常被称为幸福函数，它把人均效用流与人均消费流联系在一起。关于这一函数，一般有两个假设条件：①假设它是递增且凹的函数。这一假设的直观含义是，家庭偏好相对平均的消费模式，而不是那种在某一时期消费非常多，在另一时期又消费特别少的消费模式。②假定它满足稻田条件。

2. 家庭决策的约束条件

家庭所面临的预算约束体现的是这样的事实：家庭收入要么用于消费，要么用于储蓄；换言之，家庭的收入总是等于消费加上储蓄。储蓄主要以各种资产形式而存在，这样一来，家庭面临的约束表现为家庭收入总是等于消费加上资产增量。在不存在经济周期的假设下，一个经济的储蓄总量总是等于其资产总量。因此，在下文中，我们将不加区分地交互使用“储蓄”和“资产”这对概念。

家庭所拥有的资产可以被区分为资本和贷款两种形式。前者表示家庭将其储蓄直接投资于生产，后者表示家庭让渡其储蓄（收入）的使用权。通俗而言，可以将前者理解为家庭用其储蓄直接投资办厂，或者购买企业的股票；后者则可以被看成用储蓄来购买企业债券，或者存入银行。不过，在完全竞争条件下，这两种资产所能获得的收益率必定相等，从这一点出发，将资产区分为两种形式就不再有任何意义了。

家庭收入有两个来源，一个是资产的收益（资产收益率 × 家庭总资产）；另一个是劳动收入（工资 × 劳动人数）。由于是在完全竞争条件下，所以，对于家庭而言，工资和资产收益率都被认为是给定的。至此，写出家庭预算约束的条件已经具备，但是，还要注意到另外一个问题，那就是到底是写出家庭在每一个时点所面临的约束，还是写出家庭在某一段时期所面临的约束。前者被称作流量预算约束，后者被叫作跨时期预算约束。

3. 家庭效用最大化问题

家庭效用最大化问题有两个显著特征：①它是一个时段最大化问题。这就是说，它要求解的是一段时期而非瞬时最大值。②它存在跨时期因素。所谓“跨时期因素”，在我们所讨论的家庭效用最大化问题中，它表现为家庭对某一时刻消费所做出的选择会对将来的选择产生影响。正是这两点决定了这一最大化问题的动态性。如果只是最大化某一时点的效用，那么，它只能是静态问题。进一步，即使是最大化一段时期的效用，但是，如果不同时点之间的选择互相独立的话，那么，最大化一段时期效用问题就可以被转化为最大化每一时点的效用问题。从这一点出发，它也就在实质上是一个静态最优问题。

（三）拉姆齐模型的厂商最大化行为

可以通过厂商利润最大化行为来确定资本的需求函数。与家庭最大化行为相比，厂商最大化行为要容易理解一些。这是因为，尽管同家庭一样，厂商面对的也是一个时期最大化问题，但是，这一时期最大化问题不存在跨时期因素。这样一来，时期最大化问题就可以被转化成时点最大化问题。

关于厂商的决策行为，可以做如下描述：①决策目标。无疑，厂商的目标是利润最大化。②决策背景。为组织生产，厂商需要拥有一定的生产技术，并从消费者也就是家庭那里租用资本和劳动，并给家庭支付利息和工资。③决策内容。需要厂商做出的决策包括两个，即生产多少和如何生产。但是，由于假定不存在短期经济波动，产品的销售就不存在问题。这样，如何生产的问题就成了需要厂商做出的唯一决策，具体而言，就是需要厂商决定劳动和资本的需求量。

总而言之，与索洛—斯旺模型相比，拉姆齐模型有两点不同：一是储蓄率在拉姆齐模型中是内生的，而在索洛—斯旺模型中它却是外生的；二是在拉姆齐模型中，不会出现在索洛—斯旺模型中经常出现的过渡储蓄现象。这第二点是第一点的必然结果。

除此之外，拉姆齐模型与索洛模型有着共同的结论：在不存在人口增长和技术进步时，无论是总量还是人均量，经济增长率均为 0；当存在人口增长而不存在技术进步时，总量经济增长率等于人口增长率，而人均经济增长率仍然等于 0；当同时存在人口增长和外生技术进步时，总量经济增长等于人口增长率加上技术进步率，人均经济增长率等于外生技术进步率。

三、新古典经济增长理论的形成机制

关于新古典增长理论的两个基本模型——索洛模型和拉姆齐模型逐一仔细分析，新古典增长理论所涉及的经济增长与发展机制就很清晰地呈现了出来。那就是在规模报酬不变的条件下，要素积累或外生要素增加型技术进步导致非结构型增长。关于这两个形成机制的说明，分为静态和动态两种情形来进行。无疑，经济增长与经济发展是一种从成因到结果的不断循环的过程。所谓静态分析就是从这一循环活动中，人为地切断某一次过程与其前、后过程之间的联系，而集中考察这一次过程。与之相反，动态分析的重点则是考察多次过程之间是如何前后相连的。

（一）形成机制的静态分析

1. 结果分析

就结果而言，所有的新古典经济增长模型都只讨论了非结构型增长，这一点是很清楚的。一方面，新古典经济增长理论都是明确地将经济增长定义为人均产出的增加，而并不包括经济结构的转换；另一方面，所有新古典增长模型也确确实实只关注人均产出的增长问题。

2. 成因分析

在成因方面，新古典理论没有涉及需求方面的因素（其实，差不多所有的增长理论都是如此）。本来，一个经济社会的产出增加应该受到供给和需求两个方面因素的影响。一方面，供给方面的因素，比如，技术水平和生产要素数量等只是决定着一个经济潜在的产出水平，也就是最大的可能产出水平；另一方面，需求方面的因素，主要是经济社会的有效需求的大小决定着实际产出水平的大小。这是因为潜在的产出水平是不是能够成为实际的产出水平，关键要看厂商是否愿意将其变成现实。而能够导致厂商将可能产出变成实际产出的唯一条件是，它所生产的产出能够被售卖出去，并且，它还能够从这些产出的售卖中收回所有的要素价格；换言之，就是经济社会不存在有效需求不足（也就是经济周期）。换言之，在一个经济的潜在产出水平之内，该经济的实际产出水平仅由其有效需求的大小决定。

在经济增长理论中，一以贯之的做法是假设经济周期不存在，从而排除了需求方面因素对经济增长的影响。它们这样做的理由是，供给因素是长期的，需求因素是短期的，应该将它们区别开来，分别加以讨论，并且，在分析长期因素时，假设短期因素不对产出决定产生作用；同样，分析短期因素时，假定长期因素不起作用。

在供给方面因素中，新古典增长理论没有讨论非要素增加型技术进步、内生的要素增加型技术进步和制度变革。其一，在所有的新古典增长模型中，代表非要素增加型技术的生产函数的法则都是相同的，且没有发生改变。其二，无论是索洛—斯旺模型，还是拉姆齐模型，所引入的技术进步都是外生的，同时是要素增加型的。其三，至于制度因素，新古典经济增长理论根本就没有涉及，究其原因不外乎两点：一是所有新古典增长理论都是在完全竞争条件下展开的，因此，制度就不对宏观经济长期变动结果产生影响；二是按照经济学传统，在讨论宏观经济问题时，常常假设微观资源配置问题得到了解决，既然如此，制度也就不需要涉及了。

3. 动因分析

新古典增长模型经济增长的动因如下：

第一，缺乏人口增长和外生要素增加型技术进步的索洛—斯旺模型。在这一模型中，由于劳动和技术都被假设不变，所以导致经济增长的要素只能是资本。由于有单部门技术假设，资本的生产函数就与消费品的生产函数相同。同时，模型又假设生产函数存在资本边际报酬递减，这样，在长期稳态中，资本的增长率会下降到 0，从而使得经济增长率等于 0。总之，在该模型中，主要经济变量的总量和人均量的增长率都等于 0。

第二，存在人口增长，但缺乏外生要素增加型技术进步的索洛—斯旺模型。因为引入了人口，从而引入了劳动增长，这一模型的经济增长动因就是资本和劳动两种要素的积累了。在这两个因素中，人口（劳动）增长是外生的，而资本增长则是内生的。所以，当资本增长超过劳动增长之后，资本边际报酬递减规律就会再次发生作用，从而使得经济总量的增长率等于人口增长率。同时，经济变量的人均量增长率则仍然等于 0。

第三，引进外生技术进步之后，导致经济增长的原始动因就是资本、劳动和技术三个因素了。由于假设技术进步是劳动增进型的，所以，劳动的增长就会因为技术进步的存在而突破自然的限制，进而使得人均经济增长率大于0。至于拉姆齐模型，它的增长动因与包含外生技术进步的增长模型是一致的。

综上所述，新古典增长理论的增长成因包括：其一，在新古典增长理论中，推动经济增长的原始动因是可积累要素（也就是资本）；其二，在凸技术的假设条件下，只要生产活动需要不可积累要素（比如劳动），那么，可积累要素的边际生产能力，迟早要受到不可积累要素的制约而出现递减，从而终止经济增长过程；其三，在不改变生产函数法则的前提下，要使经济增长能够持续下去，唯一的办法便是不可积累要素能够增长，比如，外生的劳动增进型技术的引进就满足了这一要求。

（二）形成机制的动态分析

对形成机制进行动态分析的主要目的是要说明经济增长与发展过程是如何持续下去的。换言之，动态分析的主要目的是要说明每一期的经济增长与发展成因是如何被上一期经济过程决定的。关于新古典增长理论所讨论的形成机制，先简要表述如下：

在新古典增长理论中，经济增长与发展的成因是内生要素（资本）积累和外生要素增加型技术进步。本来，经济增长与发展的成因包含总供给和总需求两个方面的因素。由于新古典模型都假设不存在经济周期问题，所以，总需求方面的因素就不再在经济增长与发展中起作用；进一步，新古典理论模型又都是在完全竞争假设下展开的，因此，总供给方面的制度要素也就不影响经济增长与发展。换言之，在新古典理论中，能够导致经济增长与发展的成因就只有总供给方面的要素积累和技术进步。还有，新古典增长模型都是在一个给定的用以描述生产过程的不变生产函数下展开的，这就说明在新古典理论中，非要素增加型技术进步又往往或直接或间接地假设不变。最后，新古典增长理论一般只考察了资本和劳动两种生产要素。在这两种生产要素中，新古典模型又通常假设劳动的增长是有限度的。

下一期的资本积累来自上一期产出。经济行为人（厂商）之所以愿意将资本投入生产过程是因为他可以从这一笔投资中获得最大化的利润；换言之，厂商是否能够从投资中获取利润决定着他是否进行投资，而从投资中获得利润数量的多少则决定着厂商投资数量的大小，在只有资本和劳动两种生产要素而技术外生的条件下，一个生产过程的产出就只能被分解为工资和利润两个部分，并且两者之间是一种此消彼长的关系。这样一来，要想资本积累一直持续下去，就必然要求资本所获得的利润总是大于零；而要使资本积累不减少的话，就需要利润不减少，也就是工资不能侵蚀利润。

这里，需要仔细说明“工资侵蚀利润”这一经济现象。这一现象发生与否，是关系到经济增长能否持续的关键性因素。利润和工资的决定取决于两方面的因素：一是生产要素的生产能力；二是生产要素的供求状况。前者可以由要素（资本和劳动）各自在生产过程中所提供的产出的多少来表示，后者则可以用要素的超额需求（等于要素的需求减去供给的差额）来代表。利润和工资与这两者都成正比。比如：劳动在生产过程中的产出越多，工资就应该越高；同样，如果劳动的超额需求越大，工资就应该越高。

如果利润和工资等于各自在生产过程中所提供的产出，那么就不存在工资侵蚀利润的现象。比如，某一生产过程的产出为 100，其中，劳动提供的产出为 70，资本提供的产出是 30。如果这时工资和利润分别是 70 和 30 的话，那么就不存在工资侵蚀利润现象；但是，如果劳动得到的工资是 75 的话（这时，利润自然就会减少至 25），那么我们就断定发生了工资侵蚀利润现象。这一现象之所以能够发生，是因为相对于资本而言，劳动变得更加缺乏，换言之，就是劳动的超额需求要大于资本的超额需求。总之，一旦劳动所得的工资大于了其在生产中所提供的产出，工资侵蚀利润的现象就会发生，其原因则是劳动变得更加缺乏。

然而，在新古典理论关于生产函数的假设条件下，随着资本的积累，工资增加而利润减少（也就是资本边际报酬递减）的现象一定会出现，并且，这一递减过程一直会持续到资本的边际报酬等于零为止。正是因此，新古典经济增长理论模型都预期，长期中经济的主要变量都保持不变，即增长率等于零。在新古典增长理论模型中，决定资本边际产出递减的假设条件主要有三个。换言之，如果这三个条件中的任何一个不成立的话，那么，资本的边际产出都有可能不再递减。这三个条件是：生产函数的规模报酬不变、不可积累要素（劳动）在生产中不可或缺（也就是资本对劳动的替代弹性不大于 1）和劳动供给是非弹性的。

（1）规模报酬不变。如果劳动在生产中不可或缺，并且其供给又是非弹性的，那么，生产函数规模报酬不变的假设就足以保证资本的边际报酬递减。这是因为，规模报酬不变的含义是，当劳动和资本按照相同的比例增加时，产出将按两种要素的增加幅度增加。用一个例子来讲，规模报酬不变说的是，当劳动和资本同时增加一倍时，产出也将增加一倍。而资本边际报酬指的是，当劳动保持不变，增加一单位资本所能带来的产出的增量。这样，就是当资本增加一倍而劳动不增加时，产出的增加量一定小于一倍。资本边际报酬递减由此产生。

即使仍然保持劳动在生产中不可或缺，以及劳动供给非弹性的假设，但是，如果生产函数规模报酬递增的话，那么资本的边际报酬就有可能不递减。比如，资本和劳动都增加了一倍，规模报酬递增假设告诉我们，产出的增加将大于一倍（不妨假设为两倍）。在此背景下，再当资本增加一倍而劳动保持不变时，产出增加就会小于两倍，不过，它也有可能增加一倍。这样，对于增加了一倍的资本而言，资本的边际报酬就是不变的。在规模报酬不变时，随着资本的增加，资本的边际是递减的；而在规模报酬递增条件下，资本的边际报酬与资本数量无关，换言之，资本的增加并不导致资本的边际报酬递减。

导致资本边际产出递减的原因可以理解为，资本增加导致劳动工资占到整个产出的份额在增加，从而"侵蚀"了资本利润占到整个产出的比例。资本增加对决定工资两方面因素都会产生影响：一是资本增加使得单位劳动占有或者使用的资本数量增加，从而提高了劳动的生产率，劳动产出随之增加；二是在原有的工资水平下，资本的增加势必导致对劳动的需求增加，而劳动供给被假设是非弹性，这样，劳动市场的重新均衡只能是通过工资的增加来实现。为了方便行文，可以称资本增加带来的工资增加为"产出增加效应"，称劳动需求引发的工资增加为"需求增加效应"。如果这两种效应正好相等的话，那么，劳动需求增加导致的工资增加额就正好由劳动生产率提高带来的产出增加给出，从而不需要通过"侵蚀"资本所得来得到。这时，劳动得到的工资增加了，同时，它所提供的产出也增加了。

造成资本的边际报酬递减的原因是，资本增加导致的劳动产出增加效应小于需求增加效应。在规模报酬递增条件下，资本增加导致的劳动产出增加效应要大于规模报酬不变时的同样效应，进而规模报酬递增时资本的边际报酬可以不递减。

（2）劳动的不可或缺性。这一条件还可以被表述为：资本与劳动之间的替代弹性不大于1。一般地，根据大小，可以将资本与劳动之间的替代弹性划分为三类：第一，资本与劳动之间具有完全弹性；第二，资本与劳动之间完全无弹性；第三，资本与劳动之间为单一弹性。显然，以上三种替代弹性是三种极端情形。

（3）劳动的非弹性供给。如果劳动供给是富于弹性的，换言之，随着资本的积累，劳动也能够按照相同的幅度增加的话，那么，资本的边际产出就不会递减，原因在于富于弹性的劳动供给可以满足资本积累对劳动需求的增加，从而工资可以保持不变。所以，工资侵蚀利润的现象就不会发生。

第三节　新兴古典经济增长理论机制

一、新兴古典经济学的认知

（一）新古典经济学与新兴古典经济学的差别

20 世纪 80 年代，以罗森（Rosen）、贝克尔（Becker）、杨小凯、博兰德（Borland）和黄有光等为代表的一批经济学家，用非线性规划（超边际分析）重新将古典经济学中关于分工和专业化的思想变成决策和均衡模型，形成了一股用现代形式化的分析工具复活古典经济学的思潮。在这些经济学家看来，他们的理论比新古典经济学更新，也比新古典经济学更古老，因此，他们将自己的理论称为“新兴古典经济学”（New Classical Economics），以区别于主流的新古典经济学（Neoclassical Economics）。新古典经济学与新兴古典经济学之间的差别主要表现在以下三点：

（1）新兴古典框架中没有纯消费者和纯生产者的绝对分离，而新古典框架则以此分离为基础。这就意味着厂商不是预先给定的，只有消费者—生产者是预先给定的角色。而厂商与消费者的分离以及市场的出现都是消费者—生产者最优选择的结构。换言之，新兴古典框架将经济组织的拓扑性质的出现给内生化。新产品、新产业的出现以及生产过程迂回链条加长等经济结构变换就可以得到分析，而这些特征是新古典框架无法分析，而不得不舍弃的内容。

（2）新兴古典框架用专业化经济，而新古典框架用规模经济概念来表征生产条件，进而解释经济增长与发展专业化经济不同于规模经济，它与每个人生产活动范围的大小有关，而不是厂商规模扩大的结果。所有人的专业化经济合起来是分工经济。这个假定与交易成本假定以及每个人既是消费者又是生产者的假定结合起来，就会产生专业化经济与减少交易成本两难冲突。这种两难冲突可以解释社会分工水平，而社会经济的增长与发展又要通过分工水平的发展来加以解释。

（3）新兴古典框架中每个人的最优决策永远是角点解，而新古典框架中的最优决策大多是内点解。因此，新古典框架使用的是边际分析法，而新兴古典框架使用的超边际分析法。所谓超边际分析是，先对每一个角点进行边际分析，然后在角点之间进行总收益—成本分析。换言之，它所使用的数学工具是非线性规划而不是古典数学规划。总之，对每个角点的边际分析解决给定分工水平结构条件下的资源配置问题；在角点之间进行的总收益—成本分析则是要决定每个人的专业化水平和模式，而所有人的这类决策决定着分工水平。

（二）分工经济的认知

假设经济社会有两个人，每个人都拥有设定的生产函数和时间约束。在此情形下，分工指的是一种生产结构，其中至少有一个人只生产一种产品，而两个人的生产结构不相同。分工水平的增加指的是至少有一个人的专业化水平增加，而其他人的专业化水平不变或也增加，或者不同专业种类数的增加。

分工的发展表现在三个方面：一是生产者的专业化水平的提高；二是专业种类数（也就是产品种类数）的增加；三是迂回生产的链条加长。在这三种表现形式中，专业化水平的提高较好理解，它指的是生产者增加其劳动要素，投入某一产品生产过程的比例。当然，随着这一比例的不断提高，生产者的生产活动范围势必逐步缩小。产品（工具）种类数的增加和迂回生产链条的加长这两种表现形式需要仔细辨别，因为迂回生产链条的长度与中间产品种类数有关，但是两者不是一回事。

迂回生产链条是指相连接的两个产品之间的投入产出依赖关系。比如，锄头是粮食生产的投入，拖拉机也是粮食生产的投入，而机床是拖拉机生产的投入，但是锄头与拖拉机之间没有投入产出关系。这样，当粮食生产仅依靠劳动，也就是没有锄头和拖拉机时，粮食生产链条仅有一节。如果拖拉机生产出现了，那么，一方面它当然是新产品出现了。这里的新产品首先是拖拉机，其次是生产拖拉机所需要的机床。另一方面，粮食生产链条也同时因为拖拉机的出现和加入而加长了两节。

现在，人们会用劳动去生产机床，再用机床去生产拖拉机，然后用拖拉机去生产粮食。粮食生产链条由一节增加到了三节。这个时候，如果再有锄头生产的出现，那么，它当然是增加了用于生产粮食的中间产品的种类数，但是，它并没有像拖拉机那样同时加工长粮食生产链条。这是因为，锄头和拖拉机是同时处于粮食生产第二个环节的两种中间品，显然，它们之间并不存在投入产出关系。不过，如果先出现的是锄头的话，那么，锄头的出现就会将粮食生产的链条由一节加长到两节，然后出现的拖拉机就会进一步将粮食生产链条加长到三节。总之，生产链条的加长一定会同时带来新产品的增加，而新产品的出现未必总是能够导致生产链条的加长。

分工的三种表现形式都能够提高劳动生产率（也就是全要素生产率），但是，它们发挥作用的机理有所不同。第一，对于专业化水平的提高而言，它提高劳动生产率靠的是人们在不断重复同一种生产活动时的经验积累，也就是所谓边干边学；第二，产品种类数增加和生产链条加长提高劳动生产率依靠的是，通过将一定量的劳动（要素）分散到更多的产品生产活动之中去，从而延缓劳动（要素）边际报酬递减规律发挥作用的速度。比如，如果将所有的劳动都直接投入粮食生产过程中，那么，随着劳动投入的增多，劳动边际报酬势必递减，并且劳动增加越多递减速度越快。但是，如果将同样数量的劳动分别投入到机床、拖拉机、锄头和粮食生产中，那么，每一种产品生产中分得的劳动数量要远远小于整个劳动的数量，因此，在每一种产品生产过程中的劳动的边际产出就一定大于全部投入粮食生产时劳动的边际产出。换言之，专业化水平提高是通过要素型技术进步来提高生产率；而中间产品种类数的增加和生产链条的加则是依靠非要素增加型技术进步来提高生产率。

二、新兴古典经济增长理论的杨—博兰德模型

（一）杨—博兰德模型的假设条件

设想一个经济社会拥有众多天生相同的消费者—生产者（比如，有 M 个）。为此，我们需要对这群人的消费和生产活动做出假设。

1. 假设消费偏好

先假设这些消费者—生产者的消费偏好由一个具有正贴现率的科布—道格拉斯效用函数给出，这里要注意的有两点：第一，科布—道格拉斯效用函数说明，这些消费者—生产者在消费偏好方面，具有消费多样化的倾向。换言之，他们的消费偏好符合边际效用递减法则。第二，正贴现率则表示，在当前消费与将来消费两者之间，这些消费者—生产者更喜欢当前消费。

2. 假设生产技术

模型中的消费者—生产者可以生产四种产品：粮食、锄头、拖拉机和机床。假设生产机床和锄头只需要劳动，而生产拖拉机需要劳动和机床，生产粮食既可以只用劳动，也可以用劳动和锄头，还可以用劳动和拖拉机，也能够用劳动、锄头和拖拉机。

进一步假定每一种产品的生产都存在专业化经济；而生产粮食时，不但有专业化经济，还有迂回生产和多样化经济效果。比如，若不用锄头和拖拉机，即使是在专业化条件下，生产粮食的效率也较低；如果用一种工具，效率就会比不用工具时高一些；一旦两者都在生产粮食过程中使用，比如，用拖拉机耕大田，用锄头挖田角，效率就会更高一些。另外，如果只用劳动生产粮食，则没有一点生产的迂回性。若使用锄头，则生产中就有两个链条，即生产锄头之后，再生产粮食。若用拖拉机生产粮食，则生产中就有三个链条：生产机床，用机床生产拖拉机，用拖拉机生产粮食。同增加使用中间产品（工具）一样，迂回生产链条加长会导致生产率的提高。

（二）杨—博兰德模型的消费者—生产者决策

在杨—博兰德模型中，消费者—生产者最为重要的决策是选择自己的专业化水平。一旦所有消费者—生产者选择了各自的最优专业化水平，整个经济社会的分工结构就随之被决定。社会分工状况又决定着劳动生产率，进而影响整个经济的增长与发展。消费者—生产者在选择自己的专业化水平时，面临如下两个相互关联的两难冲突：

第一个冲突是专业化产生的加速学习过程的动态效应与交易成本之间的冲突。如果一个人把有限的时间分散在很多生产活动中，则他从事每个生产活动的时间就都很少，因此他学习和积累经验的过程就非常缓慢。另外，所有的人都这样做，则每个人都会重复每一个活动的学习过程，也不会比别人学习更多的知识和技能。相反，如果每个人专注某一种生产活动，则在这个活动中的经验积累会创造显著的熟能生巧的动态效应，所以，每个人就可以在较短时间内，在此生产活动中，积累非专业化时需要很久时间才能积累起来的经验。

若不同人选择不同的专业，则又可以避免重复学习，每人就都可以在同样时间内，在自己的专业上学习到比他人以及自己在自给自足时更多的技能。这种动态效应，可以用较短时间的工业化取得长时间非专业化积累的知识，因此整个社会获取知识和积累知识的能力加强。总之，专业化水平的提高能够充分利用生产技术上的专业化经济、中间产品多样化以及迂回生产的经济效应，从而提高经济的生产能力。

然而，在提高经济生产能力的同时，专业化水平的上升也不可避免地导致交易成本的增加，这源于每一个消费者—生产者都偏好消费的多样化。专业化水平提高之后，每一个消费者—生产者所能生产的产品数量要减少，这时，他们都会增加从别人处购买自己所不能生产的产品，以满足自己的消费多样化偏好。交易规模的扩大势必导致交易成本的增加。

第二个冲突是第一个冲突的自然延伸，它表现为当前消费与未来消费之间难以兼顾。分工的动态效应一般都是增加未来的生产率和消费，而分工导致的交易成本则需要当前的消费来支出。并且，由于效用函数含有大于 0 的贴现率，所以，每一个消费者—生产者都更加偏好于当前消费。

（三）杨—博兰德模型的分工演进与经济增长

在初始阶段，人们对各种生产活动都没有经验，所以，他们生产率很低，从而支付不起由于专业化带来的交易成本，这时，他们只好选择自给自足。在此情形下，杨—博兰德模型认为，边干边学、熟能生巧的学习过程是突破自给自足经济，并最终导致经济增长的原始动因。

具体而言，在自给自足生产中，通过边干边学，每个人都会在自己所从事的活动中积累起一些经验，因此生产率慢慢得以改进。这时，就能够负担起一点交易成本，于是专业化水平得到提升，尽管可能非常有限。升高后的专业化水平反过来又会加速经验积累和技能改进的学习过程，使得生产率进一步提高。这样，每个人在权衡专业化的将来收入与当前交易成本后，认为能够支付更多的交易成本，因而可以进一步增加专业化水平，由此产生一个良性循环过程，从而不断推动经济增长与发展。在专业化水平不断得到提升的过程中，中间产品种类数会不断增加，迂回生产链条也会不断加长。

三、新兴古典经济增长理论的形成机制

关于新兴古典经济学的经济增长理论的形成机制，要说明如下两点：一是它的形成机制与发展经济学主要模型是相同的，即非要素增加型技术进步导致结构型增长；二是与其他发展经济学模型相比，它在讨论这一形成机制时所处的特殊条件。

杨—博兰德模型给出的经济增长的原动力是分工，而分工本身就体现为非要素增加型技术进步。同时，由于有了分工导致的新产品、新产业的出现，劳动等生产要素自然就会从旧产品和旧产业转向新产品和新产业。这是利润平均化过程的必然结果。随着生产要素在旧、新产业之间的转换过程的完成，整个经济结构转换过程就得以结束。因此，新兴古典经济增长理论讨论的宏观经济长期变动结果是结构型增长。

模型所描述的经济增长得以持续的根本原因是专业化带来的递增报酬，使得工资的增长可以由劳动生产率增长来加以保证，从而不需要借助工资侵蚀利润现象。这样，经济中的资本积累也就能够不断进行下去。

与发展经济学主要模型相比，新兴古典经济增长理论的特别之处有以下三点：

第一，在发展经济学主要模型中，非要素增加型技术进步都是外生的，而新兴古典经济增长理论则将它内生化了。从发展经济学模型中可以看到，所有模型都是事先给定两个拥有不同技术水平的部门，也就是所谓“二元经济”。至于这个二元经济从何而来，无从知晓。而在新兴古典经济增长模型中，不同的分工模式就对应着不同的技术水平（生产函数），当经济由一个分工模式跳跃到另一个更高级的分工模式时，生产函数（也就是非要素增加型技术）随之发生改变。也正是因此，在新兴古典经济增长模型中，可以看出经济组织拓扑性质变化（新产品、新产业的出现等）；而在发展经济学模型中，只能看到，生产要素在给定的旧、新产业之间转换这一经济组织非拓扑性质的变化。

第二，发展经济学模型讨论经济发展时使用的仍然是规模经济的概念，而新兴古典经济增长模型使用的则是专业化经济和分工经济的概念。这一点的意义在于，与主

流现代经济增长理论和发展经济学主要模型相比，新兴古典经济增长理论注意到了专业化和分工对经济增长与发展的推动作用。当然，新兴古典经济增长理论对专业化和分工的作用有些夸大。

第三，新兴古典经济增长理论引入了制度因素。这一点，无论是相对于现代经济增长理论，还是古典发展经济学模型而言，都是其独到之处。

经济增长理论模型涉及的形成机制是，要素积累和要素增加型技术进步导致非结构型增长；而发展经济学模型所讨论的形成机制是，非要素增加型技术进步引起结构型增长。当然，不同增长模型和不同发展模型讨论同一个形成机制的条件各不相同。这些不同条件主要表现在两个方面：一是生产函数是规模报酬不变的，还是规模报酬递增的；二是技术进步是外生的，还是内生的。

增长模型不能讨论非要素增加型技术进步和结构型增长的原因是，它们在分析中都采用了不变的生产函数，非要素增加型技术规定着生产函数的法则，而采用不变的生产函数来分析增长过程，就等于否定了经济增长可以由非要素增加型技术进步引发。与之相反，发展经济学模型之所以能够讨论非要素增加型技术进步和结构型增长，也正是因为它们都放弃了生产函数不变的分析法。

比如，在刘易斯模型中，存在现代部门和传统部门两个不同生产函数，而发展过程就是二元经济向一元经济转变，这一转变过程一定伴随着生产函数法则的变化。再如在杨—博兰德模型中，存在事前和事后生产函数的区分。罗默的内生技术进步增长模型是一个有意思的例子，该模型所采用的生产函数是介于变与不变之间的。如果我们将生产函数中的资本当成一个整体来看的话，那么，该模型使用的生产函数就是不变的；如果我们将资本看成不同的生产耐用品的话，那么，该模型使用的生产函数就是可以变化的了。也正是因此，罗默内生技术进步模型涉及非要素增加型技术进步，但是，由于采用了不变的（总量）生产函数，所以，结构型增长没有能够体现出来。

在讨论经济增长与经济发展时，到底应该采用不变的生产函数，还是应该采用可变的生产函数，这是一个难于选择的两难问题。一方面，采用不变生产函数可以发展一个近乎完美的模型，无论是演算还是分析都比较容易，但是，它不能用来讨论非要素增加型技术进步和结构型增长。另一方面，采用可变的生产函数可以分析非要素增加型技术进步和结构型增长，但是，它也存在两点的不足：一是演算和分析十分困难，因此，几乎不可能建立一个统一的分析框架；二是与第一点有关，它能够分析的经济结构变化是相当有限的。

有鉴于此，罗默内生技术进步模型所采取的折中方法是比较可取的。一方面，它具有比较强的可操作性。这一点已经在罗默模型中得到证明。另一方面，非要素增加型技术进步在带来产出增加的同时，一定会导致经济结构变化。因此，罗默模型在分析产出增加时已经包含了对经济结构变化的分析。当然，非要素增加型技术进步的表现形式不一定要拘泥于新中间品的出现。关于非要素增加型技术进步表现形式的认定，将在经济增长与经济发展理论的进一步发展过程中扮演十分重要的角色。

第三章　数字经济的发展

在全球信息化进入全面渗透、跨界融合、加速创新、引领发展新阶段的大背景下，各国数字经济得到长足发展，正在成为创新经济增长方式的强大动能，并不断为全球经济复苏和社会进步注入新的活力。

第一节　数字经济的内涵与特征

一、数字经济的定义与内涵

（一）数字经济的定义

1997 年，美国提出“新经济”的概念，其包含知识经济、创新经济、数字经济、网络经济；数字经济是新经济观测的一个角度，是信息经济的一部分。信息经济被分为三个层次：第一，信息经济是一种经济形态，它与农业经济、工业经济同级；第二，信息经济属于传统产业，包括第一产业、第二产业、第三产业；第三，从经济活动方面来说，信息经济是指信息生产和服务、信息通信技术的研发，以及信息传输等经济活动。数字经济是信息经济第二和第三层次的子集，它是基于数字技术的内容产业、通信产业、软件产业以及信息设备制造业的产业集群，从生产端看，也包括这些产业的产品与服务。

信息技术对整个社会产生的影响随着科技发展的脚步逐步加深，而人们对信息技术融入经济与社会这一过程的定义，在不同的发展阶段产生了各种各样的概念。因此，概念混用的情况也时有发生。除了早期的“信息经济”和近年的“数字经济”外，还存在网络经济、知识经济等概念。这些概念因其产生于数字经济发展的不同阶段，分别反映出不同时期人们对信息技术引起的社会变革的不同角度的理解。虽然这些概念在定义和具体内涵上有细微的差别，但总的来说，它们都是在描述信息技术对人类社会经济活动产生的影响与革新。

1. 知识经济

第二次世界大战后，由于科技进步，全球知识生产、流通速度不断提高，分配范围不断扩大，社会经济面貌焕然一新。在此背景下，相当多的学者开始关注知识与经济社会之间的联系，知识经济的概念逐渐形成。1996 年经济合作与发展组织（OECD）在年度报告《以知识为基础的经济》中认为，知识经济是以知识为基础的经济，直接依赖于知识和信息的生产、传播与应用。从生产要素的角度看，知识要素对经济增长的贡献高于土地、劳动力、资本等，因而“知识经济”是一种以知识为基础要素和增长驱动器的经济模式。

2. 信息经济

“信息经济”的概念可以追溯到 20 世纪六七十年代美国经济学家马克卢普和波拉特对于知识产生的相关研究。马克卢普（Friz Machlup）1962 年在《美国知识的生产和分配》中建立了一套关于信息产业的核算体系，奠定了研究“信息经济”概念的基础。1977 年，波拉特在其博士论文中提出的按照农业、工业、服务业、信息业分类的四次产业划分方法，得到广泛认可。20 世纪 80 年代，美国经济学家保尔 · 霍肯（Paul Hawken）在《未来的经济》中明确提出信息经济概念，并描述信息经济是一种以新技术、新知识和新技能贯穿于整个社会活动的新型经济形式，其根本特征是经济运行过程中，信息成分大于物质成分占主导地位，以及信息要素对经济的贡献。

3. 网络经济

“网络经济”概念的提出同 20 世纪 90 年代全球范围内互联网的兴起有着密切的联系。因此，网络经济又被称为互联网经济，是指基于互联网进行资源的生产、分配、交换和消费为主的新形式经济活动。在网络经济的形成与发展过程中，互联网的广泛应用及电子商务的蓬勃兴起发挥了举足轻重的作用。与知识经济、信息经济和数字经济相比，网络经济这一术语的区别在于它突出了互联网，并将基于国际互联网进行的电子商务看作网络经济的核心内容。

4. 数字经济

综上所述，知识经济强调知识作为要素在经济发展中的作用；信息经济强调信息技术相关产业对经济增长的影响；网络经济强调以互联网为主的经济资源的分配、生产、交换和消费等经济活动；数字经济则突出表现在整个经济领域的数字化。因此，知识经济、信息（产业）经济、网络（互联网）经济这些概念在同一个时代提出并不是相互矛盾或重复的，而是从不同方面描述当前正处于变化中的世界。“知识经济—信息（产业）经济—网络（互联网）经济—数字经济”之间的关系是“基础内容—催化中介—结果形式”。知识的不断积累是当今世界变化的基础，信息产业、网络经济的蓬勃发展是当代社会发生根本变化的催化剂，数字经济是发展的必然结果和表现形式。因而这几个概念相辅相成，一脉相传。

（二）数字经济的内涵演进

1. 初级阶段

在数字化早期，各国对数字经济的定义着重于宏观经济下的信息技术产业和电子商务。美国统计局在 1999 年 10 月发表的 Measuring Electronic Business Definitions, Underlying Concepts and Measurement Plans 中，建议将数字经济的内涵分为四大部分，即（电子化企业的）基础建设、电子化企业、电子商务以及计算机网络。但近年来随着数字化的不断推进，美国对于数字经济内涵的界定延伸到了三个方面：虚拟货币，如比特币；数字商品和服务的提供，包括数字广告、在线产品如音乐等；互联网对商业交易的提升，包括顾客匹配、分享经济等。英国政府在 2010 年颁布的《数字经济法 2010》中，将音乐、游戏、电视广播、移动通信、电子出版物等列入数字经济的范畴，主要聚焦于保护文化产业的数字版权。而在《数字经济法 2017》中，英国政府深化了数字服务方面的管理，包括注重推动数字服务的发展、规范数字文化产业中的犯罪行为、强调知识产权，以及构建数字化政府。由此可见，数字经济的定义与重点逐渐转移至应用与服务方面。

2. 发展阶段

数字经济正处于蓬勃发展的阶段，不断进步的数字科技以及不断加深的数字化融合程度使得数字经济的内涵和范畴都在持续更新和泛化，互联网、云计算、大数据、物联网、金融科技与其他新的数字技术应用于信息的采集、存储、分析和共享过程中，改变了社会互动方式。数字化网络化、智能化的信息通信技术使现代经济活动更加灵活、敏捷、智慧。关于数字经济，目前最具代表性的定义来自 2016 年 G20 杭州峰会发布的《二十国集团数字经济发展合作倡议》。该倡议将数字经济定义为：以使用数字化的知识和信息作为关键生产要素、以现代信息网络作为重要载体、以信息通信技术的有效使用作为效率提升和经济结构优化的重要推动力的一系列经济活动。

二、数字经济的特征

（一）互联互通范围广泛

随着互联网、移动互联网以及物联网的快速发展并不断渗透到社会各个领域，越来越多的不同资源（人、财、物等及其他无形资源）等被纳入信息网络之中。物资流、资金流、信息流、商流、人流等在社会经济运行的各个领域层面形成网状结构，相互之间互联互通的依存度增强，传统单向、封闭的经济状态和社会结构向跨界、融合、开放、共享的互联互通状态发展，推动着智能制造、智慧服务、智慧生活、智慧城市、智慧社区等智能化生产生活方式加速到来。特别是随着5G、人工智能（AI）、区块链等技术和设施的进一步发展和普及，社会经济运行的互联互通局面和运行水平将有进一步的提升，真正实现“万物互联”指日可待。

（二）人工智能的普及和应用广泛而普遍

人工智能对当今社会以及未来的影响，不亚于20世纪70年代的计算机、20世纪90年代的互联网。人工智能正引发链式突破，推动生产和消费从工业化向自动化、智能化、智慧化转变，生产效率再次实现质的飞跃，推动工业经济社会重新洗牌。网络、信息、数据、知识开始成为经济发展的主要要素，深刻改变了传统经济结构中的生产要素结构。与传统经济相比，知识、数据等价值创造持续增加，经济形态呈现新的智能、知识型特征。当前，零售、金融、交通、工业、医疗、无人驾驶等成为人工智能的主要应用领域。例如，在金融领域，人工智能已应用于财务机器人、智能投顾、智能客服、安防监控等等。交通领域，人工智能正成为优化交通和改善出行的重要技术。医疗领域，人工智能已应用于网络智能接诊、病例筛查、检验诊断、智能医疗设备、智慧养老等等。工业制造领域，智能机器人、智能制造、装配和仓储系统的应用日趋广泛，如德国提出的“工业4.0”战略，要求全面布局人工智能。

（三）数据作为新的生产要素，是基础性资源和战略性资，也是重要的生产力

从经济的全球化特征来看，经历以网际贸易驱动为特征的“1.0版本”，再到以国际金融驱动为特征的“2.0版本”，全球化正步入以数据要素为主要驱动力的“3.0版本”，数据作为新生产要素的重要作用日益凸显，数据的开放、共享和应用能够优化传统要素配置效率和效果，提高资源、资本、人才等全要素的配置和利用水平。另外，随着国际社会逐渐把数字经济作为开辟经济增长的新源泉，人类财富的形态随之发生了改变。虚拟货币（如比特币、数字货币等）、虚拟物品登上历史舞台，虚拟财富与货币兑换的路径被打通，财富数量开始与占据或支配信息、知识和智力的数量和能力相关联。根据中国信息化百人会数字经济报告，全球数字经济正在以超预期的增长速度加快发展，呈现出不断扩张的态势。

第二节　数字经济的发展演变趋势

一、数字经济的发端

这一阶段主要是1946—1960年，是信息网络为主的数字化阶段。

世界上第一台通用电子计算机于1946年在美国宾夕法尼亚大学诞生，从此，人类开始步入信息时代，标志着数字化的起步。这时期主要的商业模式是芯片等硬件的生产和制造、操作系统及其他软件的开发，代表公司为微软、英特尔、IBM等。在数字经济起步阶段，语言、文字、音视频等诸多信息内容都被转化为电子计算机能够识别、存储、加工及传输的二进制代码。

随后，从少量科研人员专用的电子技术逐步衍生出全球32亿人使用的计算技术、通信技术、网络技术，从个人计算机发展到超级计算机、网络计算机、量子计算机，从科学计算应用逐步延伸至企业管理、生活娱乐、消费购物等方方面面。此时，人类生产、生活等经济行为的相关信息内容绝大部分都可被数字化记录，但仍然有部分信息内容不能以数字化的方式被收集、存储、加工与分析，游离在数字经济体系之外。

二、信息经济概念的提出与扩展

随着20世纪40年代第二代晶体管电子计算机和集成电路的发明，微电子领域取得了重大技术突破。随着相关技术的推广、普及与大量运用，人类对知识和信息的加工、运用与处理能力也得到大幅提升，数字技术对人们经济行为与社会生活方式的影响也逐步显现出来，与数字经济相关的研究成果不断涌现，数字经济也日益成为美国经济发展的新动力。

在20世纪五六十年代的数字技术创新的大背景下，向市场提供信息产品或服务的企业成为重要的经济部门，1962年马克卢普提出“信息经济”的概念。到了20世纪七八十年代，随着大规模集成电路和微型处理器的发明及相关技术向其他部门的加速扩散与广泛渗透，信息经济的内涵与外延也得以不断丰富和扩展。1977年，马克·波拉特认为信息经济除了包括马克卢普所说的信息产业“第一信息部门”外，还应包括融合信息产品、服务与技术的其他产业“第二信息部门”，数字技术向其他各领域的渗透、融合、改造与创新，对整个经济社会产生的影响日益深化（孙惠，2017）。

三、数字经济概念的提出到运用

随着互联网等数字技术在20世纪90年代的日趋成熟与广泛接入，传统部门信息化、数字化步伐加快的同时，新业态、新模式不断涌现，如电子商务成为最典型的应用，富含信息与知识的数据成为新的生产要素。在数字经济快速发展与广泛应用的背景下，20世纪90年代尼葛洛庞帝在《数字化生存》一书中提出数字化概念，1995年数字经济概念在泰普斯科特《数字经济：网络智能时代的希望和危险》一书中被正式提出，1998年、1999年、2000年名为《浮现中的数字经济》（I，Ⅱ）和《数字经济》的研究报告在美国商务部先后出版，随着数字经济概念从提出、传播到被广泛接受，数字技术经济范式也向更广泛、更深入、更高级方向发展，无疑这也将会对整个经济社会面貌产生更为深刻的影响（中国信息通信研究院，2017）。从相关理论分析和统计实践看，20世纪90年代美国经济出现的118个月连续增长且呈高经济增长率、低失业率与低通货膨胀率的“一高两低”的良好发展势头，大部分是在美国信息战略——信息高速公路计划指引下，以IT为核心的数字经济驱动的新经济发展带来的红利。进入21世纪，随着移动互联、物联网等数字技术的快速发展，全球范围的万物互联生成的海量数据，已是之前分散的终端处理能力所不能及，数字经济特征也发生了新的变化，貌似波拉特提出的“第一与第二信息部门”的概念已难以描绘数字经济发展模式的新变化。

四、数字经济1.0—2.0

（一）数字经济1.0

这一阶段主要指2000—2015年，数据驱动的数据化阶段。

进入21世纪，随着大数据、云计算、物联网、人工智能、3D打印等数字技术的不断迭代创新，那些富含有知识与信息的数据资源成为经济社会发展的关键核心资源，标志着整个经济社会进入数据驱动的1.0时代。随着数字化概念与数字技术的广泛传播，主要国际组织与各国政府希望以数字经济为抓手促进产业创新、拉动经济增长，也开始将政策重心转向数字经济，纷纷加大对数字经济的研究力度。

2000年，美国商务部发布的《新兴的数字经济》等报告，提出数字经济是20世纪90年代中后期美国经济繁荣增长的重要因素，并第一次从政府官方角度提出数字经济时代已经来临，开始通过设计数字经济的相关测量指标，大量收集相关数据，将数字经济纳入官方统计范畴。从此，数字经济概念与数字技术开始被广泛使用，发展数字经济的理念日趋流行与成熟，世界各主要国家政府也纷纷把发展数字经济提上议事日程，以求通过发展数字经济来促进经济的增长与社会的转型。①

其实在美国数字经济发展的带动与影响下，国际组织、国际研究机构与世界各国也纷纷出台和数字经济相关的更详细的战略与政策框架，就如同美国1994年推出的“信息高速公路计划”影响世界各国的信息化战略制定与信息化进程一样，其发布的数字经济报告，对发展数字经济的相关论述和政策实践也在深刻地影响着各国数字经济战略的制定与数字经济的发展进程。例如，世界经济论坛近年来连续发布多份《全球信息技术报告》，并在2002年首次发布的《全球信息技术报告》中就提到数字经济，后面多年的研究报告基本都是对数字经济发展的阐述。OECD连续多年发布和数字经济相关的研究报告与工作论文，并在多项研究的标题中直接使用数字经济一词。特别是在2008年国际金融危机后，为推动全球经济缓慢复苏，世界贸易组织（World Trade Organization，WTO）、联合国贸易和发展会议、亚太经合组织（Asia Pacific Economic Coopcration，APEC）、国际货币基金组织等国际组织与世界各国便开始纷纷制定数字经济发展战略，期望通过发展数字经济为全球经济增长寻求动力支撑。其中，欧盟最先于2010年公布了数字经济议程，美国到2015年公布数字经济议程，英国、德国、法国、俄罗斯、日本、韩国、新加坡等国均发布了数字化战略，其余一些国家也在纷纷考虑出台和数字经济相关的战略与政策框架，以通过发展数字经济，推动传统经济的数字化转型，为经济增长提供新的动力。我国也十分重视信息技术、数字技术对传统经济的促进作用，只不过是我国在名称上较多采用信息化和两化融合等提法。近年来，在国外数字经济以及工业4.0等战略的影响下，我国出台了《中国制造2025》与“互联网+”两大战略，以通过发展互联网等数字技术和高技术战略新兴产业等推动我国经济结构的转型升级与高质量发展。

（二）数字经济2.0

这一阶段主要指2015年至今，是以人工智能为核心的智能化阶段。

2016年，全球市值最高的五家公司首次全部花落数字平台公司：苹果、谷歌、Facebook、微软和亚马逊，远超传统工业巨头，在数字技术、数字标准与数据商业化快速发展背景下，数字技术对农业、制造业、服务业等传统行业的数字化改造进程也在不断加速。随着智慧农业、智能制造、智慧物流、互联网金融等领域的快速发展，全球数字经济发展进入2.0阶段。

2015年，“互联网+”首次进入政府工作报告，提出通过促进互联网融合创新作用的发挥，培育经济增长新动能，开启了我国数字经济发展新篇章，之后“数字经济”

① 马化腾，孟昭莉，闫德利，等.数字经济中国创新增长新动能[M].北京：中信出版社，2017.

这一提法进入政府工作报告，并被各类官方文件与重大会议所采用，数字经济发展的战略及相关政策的制定也提上了我国各部委及各级政府的议事日程。2016 年的世界互联网大会与 G20 杭州峰会等重大国际会议、中央政治局网络强国战略集体学习、党的十九大报告、“一带一路”国际合作高峰论坛主旨演讲、《金砖国家领导人厦门宣言》等也出现了数字经济的字眼。从 2015 年到 2017 年“互联网 +”、分享经济、数字经济分别首次进入政府工作报告。2018 年政府工作报告又多次提到数字经济，指出我国要通过发展“互联网 +”、智能制造等加快经济转型升级步伐。可见，我国已开始更多地从经济层面关注与研究数字经济问题，也希望通过培育数字技术新动能来大力发展数字经济。

2015 年以来，随着谷歌、百度、科大讯飞、阿里巴巴、苹果、NVIDIA 等代表性公司在语音与图像识别、自动驾驶、数字医疗等人工智能诸多领域已有重大突破，我国的人工智能研究也在多个领域实现率先突破，我国数字经济也进入以智能化为核心的数字经济 2.0 阶段。

21 世纪初期，从中国经济进入经济增速放缓、增长动力接续转换、经济结构不断转型升级的新常态，到 2014 年中国推进供给侧结构性改革，加大“三去一降一补”的力度。虽然经济增速与以前相比有一定程度的放缓，但是中国经济整体上出现了明显的高就业率、中速增长、低通胀的“高中低”特征。在整个过程中数字技术的新成果、数字技术的发展为之提供的强劲支撑以及数字技术与传统产业的融合、渗透、改造与创新等外溢效应功不可没。根据阿里研究院相关资料，2015 年阿里巴巴平台提供将近 4000 万个就业机会，2015 年的网络零售已占中国社会零售总额的 12.9%，网络零售增长 25% 以上；2016 年天猫“双 11”销售额实现 1207 亿元、交易峰值达 17.5 万笔 / 秒、支付峰值达到 12 万笔 / 秒；2017 年，参与天猫“双 11”活动的有全球超 14 万品牌投入的 1500 万种商品、线上线下打通的海内外超 100 万商家、智慧门店将近 10 万、赋能新零售的零售小店超 50 万家，最终把交易额定格在 1682 亿元，无线成交占比高达 90%，这离不开物联网、大数据、云计算、人工智能等数字技术提供的动力支撑。

第三节　数字经济发展中的挑战

近十年来我国数字经济发展势头迅猛，根据中国信息通信研究院测算，数字经济增加值已由 2011 年的 9.5 万亿元增加到 2019 年的 35.8 万亿元，占 GDP 比重提升了超过 15 个百分点。2020 年新冠疫情来袭，在线办公、视频会议、网上授课等无接触经济蓬勃发展，有效对冲了经济下行风险，加速了企业的数字化战略布局。一项针对全球 2569 家企业的调研发现，本次疫情将全球的数字化进程至少提前了 5~7 年。①

伴随着技术进步和商业模式的创新，数字经济推动劳动生产效率提升，可以在一定程度上抵消劳动年龄人口下滑的影响。同时，随着远程沟通成本的下降，部分服务无须面对面接触也可以实现，服务业可贸易程度提高，进而促进服务跨区或跨境发展，这对未来的经济发展模式和经济结构具有重要含义。

一、数字经济带来的垄断

数据是数字经济时代的核心生产要素，数据的采集、加工与使用具有明显的规模经济与网络经济性，低甚至零边际成本意味着创新创业的门槛较低，但先发企业能够凭借自我增强的大数据优势来实现与固化垄断地位。

现实中哪些数字经济企业是“好”的垄断，哪些是“不好”的垄断，并没有那么分明——它们很可能在开始阶段是“好”的垄断，与创新紧密联系，但发展到一定规模后，往往会利用知识产权、网络效应等构建竞争壁垒，寻求垄断租金，这就有可能阻碍竞争。

因此，判断数字经济是否出现“垄断”，还需要用动态的眼光看待。按照熊彼特的创新理论，垄断和创新有天然的联系，没有垄断的超额收益，就不会有那么大的创新动力。科技公司创新失败的可能性很大，因此需要风险溢价的补偿来吸引创新。超额收益既来自垄断租金，也来自整体市场要求的风险补偿。

从历史经验来看，巨型科技公司的垄断似乎符合上述动态的特征。比如 20 世纪 90 年代，雅虎搜索引擎一家独大，几乎占领了所有的搜索市场，但在谷歌推出搜索引擎后，雅虎的搜索业务很快就被性能更优异的谷歌搜索所替代。如果监管层一开始就强力监管雅虎的搜索业务，限制其盈利，可能谷歌也没有动力推出更好的搜索引擎。类似例子在中国也不鲜见，电商平台京东与阿里尽管构建了很高的行业壁垒，但无法阻止拼多多的快速崛起，同样爱奇艺、优酷也没有办法阻止抖音成为世界级的流行应用。

二、贫富分化新问题

历史上，从两百年前的李嘉图到一百年前的凯恩斯，经济学家一直都担心机器替代人。经济学里有个专有名词叫“技术性失业”（Technological Unemployment），即技

① 李拯 . 数字经济浪潮 [M]. 北京：人民出版社，2020.

术进步所导致的失业。这种担心贯穿历史，一直存在争议。

当下我们如何来看待这个问题呢？这次新冠疫情下数字经济的快速发展带给我们的一个重要启示是，机器可以赋能人，也可以替代人。机器对人的赋能，体现在很多领域。比如餐饮外卖行业，数字技术、智能手机、GPS 定位等技术支持，有效提高了外卖员的配送效率；远程教育、远程办公、远程医疗等无接触经济，并没有替代老师、白领、工人和医生，而是对他们进行了赋能。数字技术使得我们在社交隔离的情况下维持一定的经济活动，它和人是互补的。当然机器也可以替代人，比如无人物流、无人驾驶等。

数字经济在中美两国替代人和赋能人的程度并不一样，这跟中美的禀赋差异相关。美国数字经济的发展，更多的是机器替代人，通过资本深化替代就业。中国数字经济的发展，更多的是机器和劳动力互补，对劳动力是友好的。美国的劳动力替代型数字经济体现为常规性、简单重复的工作，比如制造业流水线作业，甚至有些复杂性工作也能够被机器替代。中国的劳动力互补型数字经济则体现在一些非常规的服务上，比如说外卖、送货员、专车司机、视频主播等等。

不过，虽然现阶段数字经济在中国的发展有劳动友好型的一面，但中国也难以避免数字经济加大收入分配差距的共性的一面。数字技术使得明星企业和个人可以用低成本服务大市场，少数个体实现赢者通吃。

美国有学术研究显示，过去 40 年劳动者之间收入差距的扩大，主要反映在（同一行业内）受雇企业之间的差别，而不是职业之间的差别。这背后一个重要的相关问题是数据产权没有明确界定，相关企业对大数据资源免费地、排他性地占有，实际上是独占了关键资源的垄断租金。如何界定大数据产权归属？对于这种垄断租金，应该采取管制方式还是征税方式？如果征税，如何确定税基、税率？数字经济越壮大，这些问题越不容忽视。

与此同时，数字经济也丰富了应对贫富分化的政策工具：数字移民和数字货币。解决区域发展不平衡的传统办法通常是劳动力转移，或者产业转移。数字经济创造了一个新思路，即“数字转移”。例如，大企业将客服中心布局在欠发达地区，劳动力无须转移就可以享受发达地区的辐射带动，可以看作是“数字移民”；数字新基建催生了网络直播、云旅游等方式，将欠发达地区的风土人情、青山绿水等特色资源“运输”到发达地区，“产业数字化转移”增加了当地百姓的收入。数字货币方面，中国人民银行数字货币重点在于发展电子支付手段，但从长远看，数字货币的发展可能对现有金融体系产生颠覆性影响，促进普惠金融、降低金融的顺周期性，帮助结构性导向的财政政策更有效地发挥作用，更好地平衡效率与公平的关系。

三、数字鸿沟

数字鸿沟是指信息技术发展的过程中，数字化进程不一致导致的国与国、地区与地区、产业与产业、社会阶层与社会阶层之间在基础设施、居民数字素养以及数字信息内容公开程度上的差异。

近年来，尽管中国宽带普及率在不断提高，网民数量也在逐年增长，但城乡之间以及东西部之间的数字鸿沟仍在加剧。伴随着ICT基础设施的滞后，中部和西部居民的数字素养与发达地区相比也存在显著差异。“数字素养”是指获取、理解与整合数字信息的能力，具体包括网络搜索、超文本阅读、数字信息批判与整合能力，可以简单地总结为从数字信息中获取价值的能力。在数字时代，数字素养已经成为各行各业对劳动力的一项基本素质需求，加强数字化教育、提升国民数字素养是中国成为数字强国的重要环节。

此外，数字信息内容公开程度也是造成数字鸿沟的一大原因。数据及信息开放程度的落后将直接造成民众和企业在获取及应用信息上的困难，进一步拖缓数字进程，影响数字经济的发展。

四、数据质量

在数据成为核心资源的今天，数据质量直接关系着社会各方对资源的利用效率。ISO9000质量管理体系将数据质量定义为“数据的一组固有属性满足数据消费者要求的程度”。数据的固有属性包括真实性、及时性、相关性，即数据真实反映客观世界、数据更新及时以及数据是消费者关注和需要的。同时，高质量的数据还需要是完整无遗漏、无非法访问风险以及能够被理解和解释的。

影响数据质量的原因有很多，比如数据的多源性。当一个数据有多个来源时，很难保证值的一致性，以及更新的同步性。另一个影响数据质量的原因是复杂数据的表示方式不统一，标准不明确。随着大数据的发展，每天都会产生大量多维度异构数据，如何对复杂数据进行统一编码，方便数据之间的兼容与融合，还有待进一步发展。

五、数字治理面临的挑战

数字经济快速发展，对国内和国际的数字治理也带来了新挑战。

国内层面，面临个人数据采集和隐私保护的问题。当人们安装手机应用时，应用客户端通常会弹出一个征求“同意”的条款声明，这些条款往往冗长难懂、字体细小，却都包含着数据使用的授权协议，而用户除了点击“同意”外别无他法。当人们使用手机时，个人数据就会被源源不断地上传到相关应用的服务器上。虽然很多人意识到私人数据被采集，但对于哪些数据被采集，以及这些数据被如何使用却一无所知。数据采集和使用的“黑箱”，让民众在防范隐私泄露方面极为被动。数字经济时代，公权力介入数据监管以及隐私保护已是大势所趋。事实上，备受关注的《个人信息保护法》已于2020年10月由全国人大法工委公布草案并向全社会公开征求意见。随着数字经济的发展，隐私保护将会持续成为公共治理的一个重要议题。从公平角度看，立法保护隐私数据是必要的；从效率角度看，隐私保护的关键可能在于度，甚至需要设计状态依存的保护制度。

此外，在国际层面，未来可能在服务贸易、国际征税以及数据主权和安全等领域出现新的国际冲突风险。

服务贸易冲突容易理解，就像制造业贸易量扩大后会产生国际摩擦，服务贸易量扩大也可能带来纠纷，中国需要积极参与并适应数字经济时代国际贸易规则的变革。

税收方面，针对数字经济绕开现行征税准则的逃、避税问题，国际上讨论比较多的替代性方案是基于用户征税的，这需要进行国际协调以确定各国所属的应税税基。在世界大变局背景下，国际协调难度正在变大。

更大的国际冲突风险可能来自国家安全或者说数据主权问题。美国和印度近期对中国平台企业的不友好做法，固然存在政治层面的原因，但也反映了一个问题：大数据归属是否涉及主权甚至是国家安全问题？中国在《中国禁止出口限制出口技术目录》新增“基于数据分析的个性化信息推送服务技术”，似乎也印证了大数据及相关技术对于国家安全的重要性。

六、法律法规

目前，相关法律法规滞后是数字经济发展面临的一大挑战。比如，伴随数字经济的发展，全球大量定时定点的工作岗位会逐渐消失，新涌现出大批兼职职业者、自我雇佣者等灵活就业岗位，而现有的劳动合同法、社会保险法、社会保险费征缴暂行条例等法律法规不能给灵活就业者提供有效的社会保障。

数字知识产权的保护也需要引起重视。英国《数字经济2010》就着重强调了对数字产品，如音乐、媒体、游戏等内容的著作权进行规范与保护。此外，数据产权问题也日益凸显，数据由谁保管、如何处理与应用以及如何进行交易，所有者、拥有者、使用者和管理者之间的责、权、利的划分，也缺少相关法律的明确规定。

此外，一些管理制度的落后，与数字经济去中心化跨区域、跨行业、灵活多变的特质相冲突，制约了数字经济的发展。阿里巴巴集团副总裁、阿里研究院院长高红冰在“2017 中国‘信息经济 + 金融科技’发展大会”上提出，“美国是数字经济强国，中国是数字经济应用大国”。他表示：“未来五年，全球数字经济发展将呈现三个层次：第一，硅谷仍将引领核心技术创新，以色列会在个别领域紧跟美国；第二，中国、印度会是技术创新大规模应用的市场；第三，新技术和商业模式的应用需要硬件设备的支持，日、韩、中国台湾和华南地区将起到重要作用。”他呼吁，“对于互联网这种新事物，应该更多地包容，而不是限制或者强化监管。面向未来、面向全球，中国要成为领头羊，需要更加开放，多方协作，共创互联网更好的明天”。

第四节　发展数字经济的意义、优势及重要性

一、发展数字经济的意义

数字经济的迅猛发展深刻地改变了人们生活、工作和学习方式，并在传统媒体、商务、公共关系、娱乐等众多领域引发深刻变革。发展数字经济已成为信息时代的最强音，对我国而言更具有特殊意义。

（一）全球经历数字经济变革

以计算机、网络和通信等为代表的现代信息革命催生了数字经济。数字经济虽然并没有产生任何有形产品，但它可以完成辅助设计、跟踪库存、完成销售、执行信贷、控制设备、设计计算、飞机导航、远程诊治等工作[①]。

1. 数字经济加速经济全球化步伐

数字经济的出现，对人类社会来说是一场划时代的全球性变革，推动人类更深层次地跨入经济全球化时代。比如，数字网络的发展，使全球化不再局限于商品和生产要素的跨国流动，而是从时空角度改变了世界市场和国际分工的格局；数字经济的出现拓展了贸易空间，缩短了贸易的距离和时间，使全球贸易规模远远超越了以往任何一个时期。

凭借数字网络技术的支持，跨国公司远程管理成本大幅度地下降，企业活动范围更加全球化。美国《财富》杂志在分析了全球最大 500 家跨国公司排名变化后认为：“全球化色彩越浓，大公司利润越高。”“一个更大、更富裕的世界”将随着全球化大发展

① 徐晨，吴大华，唐兴伦. 数字经济新经济新治理新发展 [M]. 北京：经济日报出版社，2017.

而出现。因此，数字经济加速了信息、商品与要素的全球流动，推动经济全球化进入了一个新的发展阶段。

2. 数字经济软化全球产业结构

数字经济时代，数字网络技术的创新及广泛应用使全球产业结构更加知识化、高科技化。知识和技术等“软要素”正在取代资本和劳动力成为决定产业结构竞争力的重要因素。全球产业结构软化趋势越加明显。一是出现了知识驱动的经济发展模式。新一代信息技术蓬勃发展，跨国ICT企业加速市场扩张与产品创新步伐，世界各国都在大力发展信息技术产业，实现知识驱动的经济发展模式。二是传统产业加强了与信息产业的联系。计算机与数字技术能带来高效的生产效率，因此，传统产业不断加强与信息产业的前向联系和后向联系，以便拥有更强的产业竞争力和创造更高的产业附加值；三是新型服务业方兴未艾。由于信息技术的普及和创新，计算机和软件服务、互联网信息等新兴服务业的迅速崛起，知识化、信息化、智能化正在成为全球服务业未来发展的新方向。

3. 新的数字技术助推数字经济以及社会发展

移动技术、云计算、物联网和大数据分析，是当今数字经济中重要的技术趋势。总的来说，就是“智能一切”，即网络和数字化连接家庭、医疗、交通和能源，甚至政府管理和社会治理等。这些新应用依赖固定和无线宽带网络，以及在互联网上连接的设备，以满足不断增长的经济和社会需求。

4. 移动宽带应用加速数字产品普及

互联网普及率的提高，极大地受益于移动基础设施的发展和资费的下降。在许多新兴和欠发达国家，移动宽带连接的广泛提供，使得这些经济体的互联网接入量大幅增加、宽带速度不断提升。移动宽带质量的提升和Wi-Fi的大规模普及，使得移动设备扩大了应用规模，影响了数以亿计用户的工作和生活。

（二）数字经济成为新常态下我国经济发展的新动能

数字经济代表着新生产力的发展方向，对我国而言更是具有特殊意义。互联网、云计算、大数据等数字经济技术本身，就是新常态下供给侧结构性改革要培育和发展的主攻方向。数字化将发掘新的生产要素和经济增长点，加速传统行业转型。

1. 新常态需要新动能

我国经济在经历了近40年的高速增长之后，开始进入一个增速放缓、结构升级、动力转换的新阶段，这一阶段也被称为经济发展新常态。认识、适应和引领新常态已被确定为指导我国经济发展的大逻辑。新常态下经济发展所面临的最大风险是掉入“中等收入陷阱”，而找准并利用好新动能就成为推动经济转型发展，跨越“中等收入陷阱”的关键。

2. 信息革命带来了大机遇

经济发展的新动能在哪里？这本来是一个大难题，曾让很多国家困扰了很多年。但现在不同了，因为人类经历了农业革命、工业革命，现在正在经历信息革命——正是信息革命为我国顺利跨越“中等收入陷阱”提供了前所未有的历史性机遇。从社会发展史看，每一次产业技术革命都会带来社会生产力的大飞跃。农业革命增强了人类的生存能力，使人类从采食捕猎走向栽种畜养，从野蛮时代走向文明社会；工业革命拓展了人类体力，大规模工厂化生产取代了工场手工生产，彻底改变了工业生产能力不足、产品供给不足的局面；而信息革命则增强了人类脑力，数字化工具、数字化生产、数字化产品成就了数字经济，也促成了数字化生存与发展。以数字化、网络化、智能化为特征的信息革命催生了数字经济，也为经济发展提供了新动能。

3. 数字经济的动能正在释放

数字经济不仅有助于解放旧的生产力，还能够创造新的生产力。数字技术正广泛应用于现代经济活动中，提高了经济效率，促进了经济结构加速转变，逐步成为全球经济复苏的重要驱动力。近年来，云计算、物联网、移动互联网、大数据、智能机器人、3D 打印、无人驾驶、虚拟现实等信息技术及其创新应用层出不穷、日新月异，并不断地催生出一大批新产业、新业态、新模式。更为重要的是，这些变化才刚刚开始。凯文·凯利一直在提醒我们，真正的变化还没有到来，真正伟大的产品还没有出现，“今天才是第一天”。甚至也有专家断言，人类现在的信息处理能力还只是相当于工业革命的蒸汽机时代。

4. 发展数字经济成为我国的战略选择

面对数字经济发展大潮，许多国家都提出了自己的发展战略，如美国的工业互联网、德国的工业 4.0、日本的新机器人战略、欧盟和英国的数字经济战略等。我国政府立足于本国国情和发展阶段，正在实施“网络强国”战略，大力推进“数字中国”建设，大力推行“十三五”规划中有关数字经济的发展战略①。

（三）数字经济是引领国家创新战略实施的重要力量

发展数字经济对我国的转型发展，以及实现中华民族伟大复兴的中国梦具有重要的现实意义和特别推动作用，对贯彻落实新的发展理念、培育新经济增长点、以创新驱动推进供给侧改革、建设网络强国、构建信息时代国家新优势等都将会产生深远的影响。

---

① 王振 .2018 全球数字经济竞争力发展报告 [M]. 北京：社会科学文献出版社，2018.

1. 发展数字经济是贯彻新发展理念的集中体现

数字经济本身就是新技术革命的产物，是一种新的经济形态、新的资源配置方式和新的发展理念，集中体现了创新的内在要求。我国发展数字经济，是贯彻“创新、协调、绿色、开放、共享”新发展理念的集中体现。首先，数字经济减少了信息流动障碍，加速了资源要素流动，提高了供需匹配效率，有助于实现经济与社会、物质与精神、城乡之间、区域之间的协调发展。其次，数字经济能够极大地提升资源的利用率，是绿色发展的最佳体现。最后，数字经济的最大特点是基于互联网，而互联网的特性是开放共享。数字经济为落后地区、低收入人群创造了更多的参与经济活动、共享发展成果的机会。

2. 发展数字经济是推进供给侧结构性改革的重要抓手

以新一代信息技术与制造技术深度融合为特征的智能制造模式，正在引发新一轮制造业变革，数字化、虚拟化、智能化技术将贯穿产品的全生命周期，柔性化、网络化、个性化生产将成为制造模式的新趋势，全球化、服务化、平台化将成为产业组织的新方式。数字经济也在引领农业现代化、数字农业、智慧农业等农业发展新模式，即数字经济在农业领域的实现与应用。在服务业领域，数字经济的影响与作用也已经得到较好的体现，电子商务、互联网金融、网络教育、远程医疗、网约车、在线娱乐等的出现使人们的生产生活发生了极大改变。

3. 贯彻落实创新驱动发展战略，推动“大众创业、万众创新”的最佳试验场

现阶段，数字经济最能体现信息技术创新、商业模式创新以及制度创新的要求。数字经济的发展孕育了一大批极具发展潜力的互联网企业，并成为激发创新创业的驱动力量。众创、众包、众扶、众筹等分享经济模式本身就是数字经济的重要组成部分。

（四）数字经济是构建信息时代国家竞争新优势的重要先导力量

数字经济的发展在信息革命引发的世界经济版图重构过程中，将起到至关重要的作用。信息时代的核心竞争力将越来越表现为一个国家或地区的数字能力、信息能力、网络能力。实践表明，我国发展数字经济有着自身独特的优势和有利条件，起步很快，势头良好，已在多数领域形成与先行国家同台竞争、同步领跑的局面，未来将在更多的领域发挥出领先发展的巨大潜力。

二、发展数字经济的优势

我国数字经济的不俗表现得益于全球信息革命提供的历史性机遇，得益于新常态下寻求经济增长新动能的强大内生动力，更得益于自身拥有的独特优势。我国发展数

字经济的独特优势突出表现在三个方面：网民优势、后发优势和制度优势。

（一）网民优势孕育了我国数字经济的巨大潜能

就像我国经济社会快速发展一样，我国网民规模和信息技术发展速度也令人目眩。这促进了世界上最生机勃勃的数字经济的发展。

1. 网民红利日渐显现，使得数字经济体量巨大

近几年来，我国人口发展出现了拐点，即劳动力人口连续下降，人口老龄化程度加深，使得支持我国经济发展的人口红利在逐渐丧失。但我国的网民规模却逐年攀升，互联网普及率稳健增长，网民红利开始显现。自 2008 年起我国成为名副其实的第一网民大国。正是有了如此庞大的网民数量，才造就了我国数字经济的巨大体量和发展潜力。这就不难理解，为什么一个基于互联网的应用很快就能达到上千万、上亿甚至数亿人的用户规模，为什么只有几个人的互联网企业短短几年就可以成为耀眼的“独角兽”企业，甚至在全球达到领先水平。我国互联网企业在全球的出色表现，表明我国已经成功实现从人口红利向网民红利的转变。

2. 信息技术赋能效应显现．使得数字经济空间无限

近年来，信息基础设施和信息产品迅速普及，信息技术的赋能效应逐步显现，为数字经济带来了无限创新空间。以互联网为基础的数字经济，解决了信息不对称的问题，使得边远地区的人们和弱势群体可以通过互联网、电子商务了解市场信息，学习新技术新知识，实现创新创业，获得全新的上升通道。基于互联网的分享经济还可以将海量的碎片化闲置资源（如土地、房屋、产品、劳力、知识、时间、设备、生产能力等）整合起来，满足多样化、个性化的社会需求，使得全社会的资源配置能力和效率得到大幅提升。当每一个网民的消费能力、供给能力、创新能力都进一步提升并发挥作用时，数字经济将迎来真正的春天。

3. 应用创新驱动，使得网民优势有效发挥

当前，数字经济发展已从技术创新驱动向应用创新驱动转变，我国的网民优势就显得格外重要。庞大的网民和手机用户群体，使得我国数字经济在众多领域都可以轻易在全球排名中拔得头筹，如百度、阿里巴巴、腾讯、京东跻身全球互联网企业市值排行榜前 10 位，有足够的经验供互联网创业公司借鉴。小猪短租、名医主刀等一批分享型企业也在迅速崛起，领先企业的成功为数字经济全面发展提供了强大的示范效应。

（二）后发优势为数字经济提供了跨越式发展的特殊机遇

信息技术创新具有跳跃式发展的特点，为我国数字经济的跨越式发展提供了机会。

1. 信息基础设施建设实现了跨越式发展

电话网铜线还没有铺设好就迎来了光纤通信时代，固定电话还没有普及就迎来了移动通信时代，固定宽带尚未普及就直接进入了全民移动互联网时代，2G、3G 还没普及就直接使用上了 4G。目前，我国信息基础设施基本建成，建成了全球最大规模的宽带通信网络，网络能力得到持续提升，全光网城市由点及面全面建设，城市基本实现了 100M 光纤全覆盖①。

2. 信息技术应用正在经历跨越式发展

我国数字经济的发展是在工业化任务没有完成的基础上开始的，尚不成熟的工业化降低了数字经济发展的路径依赖与制度锁定。工业化积累的矛盾和问题若用工业化的办法去解决，便十分困难也费时较长，但有了信息革命和数字经济就不一样了。工业化的诸多痛点遇到数字经济就有了药到病除的妙方，甚至可以点石成金、化腐朽为神奇。而我国的网络购物、P2P 金融、网约租车、分享式医疗等很多领域能够实现快速发展，甚至领先于许多发达国家，在很大程度上也是由于这些领域的工业化任务还没有完成，矛盾突出痛点多，迫切需要数字经济发展提供新的解决方案。在制造业领域，工业机器人、3D 打印机等新装备、新技术在以长三角、珠三角等为主的中国制造业核心区域的应用明显加快，大数据、云计算、物联网等新的配套技术和生产方式开始得到大规模应用。多数企业还没有达到工业 2.0、工业 3.0 水平就迎来了以智能制造为核心的工业 4.0 时代。可以说，数字经济为我国加速完成工业化任务、实现“弯道超车”创造了条件。经过多年努力，我国在芯片设计、移动通信、高性能计算等领域取得重大突破，部分领域实现全球领先，如华为、联想、中兴、腾讯、阿里巴巴、百度等企业在全球的地位稳步提高。

3. 农村现代化跨越式发展趋势明显

因为互联网，许多原本落后的农村彻底改变了面貌。农村电商的快速发展和“淘宝村”的崛起，吸引了大量的农民和大学生返乡创业，人口的回流与聚集也拉动了农村生活服务水平的提升和改善，释放的数字红利也为当地发展提供了内生动力。现在，网购网销在越来越多的农村地区成为家常便饭，网上学习、手机订票、远程医疗服务纷至沓来，农民开始享受到前所未有的实惠和便利。正是因为数字经济的发展，许多农村地区从农业文明一步跨入信息文明，农民的期盼也从“楼上楼下，电灯电话”变成了“屋里屋外，用上宽带”。

4. 信息社会发展水平相对落后，为数字经济发展预留了巨大空间

信息社会发展转型期也是信息技术产品及其创新应用的加速扩张期，为数字经济

① 朱晓明. 走向数字经济 [M]. 上海：上海交通大学出版社，2018.

大发展预留了广阔的空间。目前，我国电脑普及率、网民普及率、宽带普及率、智能手机普及率、人均上网时长等都还处于全球中等水平，发展空间巨大，未来几年仍将保持较快增长。以互联网普及为例，每年仅增加4000万的网民，就足以带来数字经济的大幅度提升。

（三）制度优势为数字经济发展提供了强有力的保障

我国发展数字经济的制度优势在于强有力的政治保障、战略规划、政策体系、统筹协调和组织动员。这为数字经济的发展创造了适宜的政策环境，带动了整个经济社会向数字经济转变。

1. 组织领导体系基本健全为数字经济发展提供了政治保障

2014年中央网络安全和信息化领导小组的成立标志着我国信息化建设真正上升到了“一把手工程”，信息化领导体制也随之基本健全。建设网络强国、发展数字经济已形成全国共识。各级领导和政府部门对信息化的高度重视，组织领导体系的基本健全，为数字经济的发展提供了重要的政治保障。

2. 信息化引领现代化的战略决策为数字经济发展提供了明晰的路线图

《国家信息化发展战略纲要》提出了从2016年起到21世纪中叶中国信息化发展的战略目标，明确了在增强信息化发展能力、提升信息化水平、优化信息化发展环境三大方面的56项重点任务。确切地说，国家信息化发展战略决策为数字经济发展提供了明晰的路线图。

3. 制定并形成了较为完整的政策体系

在过去两年多的时间里，我国围绕信息化和数字经济发展密集出台了一系列政策文件，包括“互联网 +”行动、宽带中国、中国制造2025、大数据战略、信息消费、电子商务、智慧城市、创新发展战略等。各部门、各地区也纷纷制定出台了相应的行动计划和保障政策。我国信息化政策体系在全球也可以称得上是最健全的，这也体现出国家对发展数字经济的决心之大、信心之足和期望之高。更为重要的是，我国的制度优势有利于凝聚全国共识，使政策迅速落地生根，形成自上而下与自下而上推动数字经济发展的大国合力。

三、数字经济对创新发展的重要性

我国数字经济已经扬帆起航，正在引领经济增长从低起点高速追赶走向高水平稳健超越，供给结构从中低端增量扩能走向中高端供给优化，动力引擎从密集的要素投入走向持续的创新驱动，技术产业从模仿式跟跑并跑走向自主型并跑领跑全面转型，为最终实现经济发展方式的根本性转变提供了强大的引擎。

（一）高速泛在的信息基础设施基本形成

无时不在、无处不在的电脑网络是支撑数字经济的关键。目前我国无论是宽带用户规模、固定宽带网速，还是网络能力等信息基础设施都已基本形成，实现了连接网络的普及、服务享受的普及等。①

1. 网络能力得到持续提升

全光网城市由点及面全面推开，城市家庭已基本实现 100Mbit/s 光纤全覆盖。光纤宽带全球领先，光纤到户（FTTH）用户占比达到 63%，仅次于日、韩，位列第三。部分重点城市已规模部署 4G+ 技术。

2. 固定宽带实际下载速率迈入 10Mbit/s 时代

网络提速效果显著。2016 年全国已有 16 个省级行政区域的平均下载速率率先超过 10Mbit/s，其中上海和北京已超过 12Mbit/s。我国的宽带网速已经迎来“10M 时代”。

（二）数字经济成为国家经济发展的重要引擎

迄今为止，关于数字经济规模及其对 GDP 的贡献并没有可信的统计资料，但国内外都有机构做了一些研究性测算，对于数字经济成为经济增长重要引擎给出一致性判断。

中国信息通信研究院（以下简称信通院）发布了《中国数字经济发展与就业白皮书（2019 年）》，白皮书指出数字经济是指以数字化的知识和信息为关键生产要素，以数字技术创新为核心驱动力，以现代信息网络为重要载体，通过数字技术与实体经济深度融合，不断提高传统产业数字化、智能化水平，加速重构经济发展与政府治理模式的一系列经济活动。当前，我国发展面临多年少有的国内外复杂严峻形势，经济出现新的下行压力，稳外贸、稳投资、稳预期等是近期经济发展的主要任务。数字经济的持续稳定快速发展，成为稳定经济增长的重要途径。未来，伴随着数字技术创新，并加速向传统产业的融合渗透，数字经济对经济增长的拉动作用将越发凸显。

从总量上来看，近年来我国数字经济规模保持快速增长，占 GDP 比重持续上升。信通院测算数据显示，2018 年我国数字经济总量达到 31.3 万亿元，占 GDP 比重超过三分之一，达到 34.8%，占比同比提升 1.9 个百分点，而数字经济的蓬勃发展，推动了传统产业改造提升，为经济发展增添了新动能，2018 年数字经济发展对 GDP 增长的贡献率达到 67.9%，贡献率同比提升 12.9 个百分点，超越部分发达国家水平，成为带动我国同民经济发展的核心关键力量。

① 黄如花．数字信息资源开放存取 [M]. 武汉：武汉大学出版社，2017.

（三）数字经济在生产生活各个领域全面渗透

针对当前的经济结构调整和产业转型升级趋势，我国数字经济也发挥着积极的推动作用，目前，工业云服务、大企业双创、企业互联网化、智能制造等领域的新模式、新业态正不断涌现。

1. 数字经济正在引领传统产业转型升级

《传统产业数字化转型的模式和路径》研究报告称：中国经济在由高速增长阶段转向高质量发展阶段迎来诸多机遇，其中最大的机遇就是以信息技术为代表的新一轮技术革命来势迅猛、方兴未艾。回顾历史，无论是国家还是企业，谁能抓住新一轮重大新技术革命的浪潮，谁就可以后来居上、脱颖而出。而在当前新一轮科技革命引发的技术创新浪潮驱动下，我国新技术、新产业、新业态、新模式蓬勃发展，带动着新一轮产业结构调整和产业升级，不断释放出经济高质量发展的新动能。

围绕传统产业数字化转型有以下几点，第一，传统产业的数字化转型和利用新技术发展新经济同等重要。一方面，要高度重视发展新经济；另一方面，要更加重视在国民经济中占大头的传统产业，利用新技术革命带来的机遇推动产业转型升级。传统产业数字化转型，对我国经济发展方式转换和高质量发展具有重要战略意义。第二，传统产业的数字化转型既是技术的转型，又是商业模式的转型。当前，很多传统产业在探索不同的数字化转型路径，有的推出新产品，有的推出新服务方式，有的推出新商业模式，有的生产过程发生了重大变化，很多时候技术升级和商业模式的转型是交织在一起的。数字化转型的方式多种多样，而且这种变化才刚刚开始，更深刻的变化还在后面，需要市场不断探索。第三，传统产业的数字化转型需要在多方面营造良好环境。比如，要有鼓励创新的环境，要有一整套体制、机制引导社会把更多地资源投向创新活动，要有包容创新的监管理念、监管办法引导和鼓励传统产业的数字化转型，让创新成为新时代推动经济发展最重要的动力。

数字化转型的广泛应用将给我国传统产业带来诸多益处。其中包括：加快 IT 系统更新迭代，提升业务敏捷度；优化生产过程，提高生产效率；延伸产业链长度，扩展服务环节，为传统产业带来更多价值。针对传统产业的行业数字化特点和不同的发展阶段，报告中提出了数字化转型分步实施的路径，分四个阶段：第一阶段（2018—2020）开展数字化转型试点，第二阶段（2021—2025）推进中小企业进行数字化转型，第三阶段（2026—2030）实施企业内到行业的集成，并于第四阶段（2031—2035）最终实现完整的生态系统的构建。

当前，企业数字化转型不是选择，而是唯一出路，是关系企业生死存亡的关键。企业应紧贴行业发展趋势和市场需求，提出完整的数字化转型解决方案，实现更多价值。

2. 数字经济开始融入城乡居民生活

中国互联网络信息中心报告，网络环境的逐步完善和手机的迅速普及，使得移动互联网应用的需求不断被激发。

2020年初，受新冠肺炎疫情影响，大部分网络应用的用户规模呈现较大幅度增长。其中，在线教育、在线政务、网络支付、网络视频、网络购物、即时通信、网络音乐、搜索引擎等应用的用户规模较2018年底增长迅速，增幅均在10%以上。截至2020年3月，我国在线教育用户规模达4.23亿，较2018年底增长110.2%，占网民整体的46.8%。2020年初，全国大中小学校推迟开学，2.65亿在校生普遍转向线上课程，用户需求得到充分释放，在线教育应用呈现爆发式增长态势。截至2020年3月，我国网络购物用户规模达7.10亿，较2018年底增长16.4%，占网民整体的78.6%。2020年1—2月，全国实物商品网上零售额同比增长3.0%，实现逆势增长，占社会消费品零售总额的比重为21.5%，比上年同期提高5个百分点。截至2020年3月，我国在线政务服务用户规模达6.94亿，较2018年底增长76.3%，占网民整体的76.8%。

互联网的普惠、便捷、共享等特性，已经渗透到公共服务领域，也为加快提升公共服务水平、有效促进民生改善与社会和谐提供了有力保障。

3. 数字经济正在变革治理体系

数字经济带来的新产业、新业态、新模式，使得传统监管制度与产业政策遗留的旧问题更加突出，但发展过程中出现的新问题更加不容忽视。一方面，数字经济发展，促进了政府部门加快改革不适应实践发展要求的市场监管、产业政策，如推动放管服改革、完善商事制度、降低准入门槛、建立市场清单制度、健全事中事后监管、建立“一号一窗一网”公共服务机制，为数字经济发展营造了良好的环境。另一方面，数字经济发展也在倒逼监管体系的创新与完善，如制定网约车新政、加快推进电子商务立法、规范互联网金融发展、推动社会信用管理等。当然，数字经济也为政府运用大数据、云计算等信息技术提升政府监管水平与服务能力创造了条件和工具。

（四）数字经济推动新业态与新模式不断涌现

我国数字经济的后发优势强劲，其中快速发展的互联网和正在转型升级的传统产业相结合，将会迸发出巨大的发展潜力，不断涌现出新业态与新模式。

1. 我国在多个领域已加入全球数字经济领跑者行列

近年来，我国在电子商务、电子信息产品制造等诸多领域取得“单打冠军”的突出成绩，一批信息技术企业和互联网企业进入世界前列。腾讯、阿里巴巴、百度、小米、京东、滴滴出行等多家企业位居全球互联网企业20强。中国按需交通服务已成全球领导者，年化按需交通服务次数达 40 亿次，在全球市场所占份额为 70%。[①]

2. 我国分享经济正在成为全球数字经济发展的排头兵

近年来，我国分享经济快速成长，创新创业蓬勃兴起，本土企业创新能力凸显，各领域发展动力强劲，具有很大的发展潜力。国家信息中心发布的《中国共享经济发展年度报告（2019）》从市场规模、市场结构、就业和市场融资等方面全面反映了 2018 年我国共享经济的最新发展态势，并首次定量分析了共享经济对主要生活服务业的影响。2018 年共享经济市场交易额为 29420 亿元，比上年增长 41.6%；平台员工数为 598 万，比上年增长 7.5%；共享经济参与者人数约 7.6 亿，其中提供服务者约 7500 万人，同比增长 7.1%。共享经济推动服务业结构优化、快速增长和消费方式转型的新动能作用日益凸显。2015—2018 年，出行、住宿、餐饮等领域的共享经济新业态对行业增长的拉动作用分别为每年 1.6、2.1 和 1.6 个百分点。

3. 我国电子商务继续保持快速发展的良好势头

《中国电子商务报告 2019》显示，2019 年，中国电子商务市场规模持续引领全球，服务能力和应用水平进一步提高。我国网民规模已超过 9 亿人，互联网普及率达 64.5%；全国电子商务交易额达 34.81 万亿元，其中网上零售额为 10.63 万亿元，同比增长 16.5%，实物商品网上零售额为 8.52 万亿元，占社会消费品零售总额的比重上升到 20.7%；电子商务从业人员达 5125.65 万人。

从国内市场来看，2019 年网络零售对社会消费品零售总额增长的贡献率达 45.6%，电子商务在促消费、稳外贸、助扶贫、扩就业，以及带动产业数字化转型等方面做出了积极贡献，成为稳定经济增长和促进经济高质量发展的重要动能。

4. 互联网金融进入规范发展的新时期

互联网与金融业务的融合既产生了多种互联网金融业务模式，又通过这些业务模式积累数据，为金融领域的科技运用打下了基础。

从互联网平台和金融功能两个核心要素出发，目前互联网金融大体可归为以下四类：第三方支付、网络融资、网络投资、网络货币。

第三方支付平台的收益主要来源于交易佣金、企业策划收入和沉淀资金利息。2018 年，我国第三方移动支付交易规模达 190.5 万亿元，同比增速 58.4%。仅 2019 年前三季度，第三方移动支付交易规模达 166 万亿元。由此可见，人们在日常生活中使用移动支付的习惯已经养成，第三方移动支付渗透率达到较高水平，市场成倍增长的时代结束。

我国互联网保险起步较早，发展情况也比较好，互联网保险的渗透率处于全球领

① 潘善琳，黄劲松，中国企业的数字化商务实践案例 [M]，北京：清华大学出版社，2015.

先的地位。2015 年，监管部门制定了相关制度，但近年来，无论是互联网技术，还是保险业的发展，均发生了巨大变化。数据显示，2018 年我国互联网保险保费收入为 1888.6 亿元，相比 2017 年无明显进步。

（五）我国数字经济未来的发展

未来，我国信息基础设施体系将更加完善，数字经济将全方位影响经济社会发展，数字经济市场将逐渐从新兴走向成熟，创新和精细化运营成为新方向，数字经济总量仍将保持较快的发展。

1. 国家信息基础设施体系将更加完善

《国家信息化发展战略纲要》提出，到 2020 年，固定宽带家庭普及率达到中等发达国家水平，3G、4G 网络覆盖城乡，5G 技术研发与标准取得突破性进展。互联网国际出口带宽达到每秒 20 太比特（Tbps），支撑“一带一路”倡议实施，与周边国家实现网络互联、信息互通，建成中国—东盟信息港，初步建成网上丝绸之路，信息通信技术、产品和互联网服务的国际竞争力明显增强。到 2025 年，新一代信息通信技术得到及时应用，固定宽带家庭普及率接近国际先进水平，建成国际领先的移动通信网络，实现宽带网络无缝覆盖，互联网国际出口带宽达到每秒 48 太比特（Tbps），建成四大国际信息通道，连接太平洋、中东欧、西非北非、东南亚、中亚、印巴缅俄等国家和地区。到 21 世纪中叶，泛在先进的信息基础设施为数字经济发展奠定坚实的基础，陆地、海洋、天空、太空立体覆盖的国家信息基础设施体系基本完善，人们通过网络了解世界、掌握信息、摆脱贫困、改善生活。①

2. 经济发展的数字化转型成为重点

以信息技术为代表的技术群体性突破是构建现代技术产业体系、引领经济数字化转型的动力源泉，先进的信息生产力将推动我国经济向形态更高级、分工更优化、结构更合理的数字经济阶段演进。按照《国家信息化发展战略纲要》，2020 年，核心关键技术部分领域达到国际先进水平，重点行业数字化、网络化、智能化取得明显进展，网络化协同创新体系全面形成，以新产品、新产业、新业态为代表的数字经济供给体系基本形成；信息消费总额将达到 6 万亿元，电子商务交易规模达到 38 万亿元，信息产业国际竞争力大幅提升，制造业大国地位进一步巩固，制造业信息化水平大幅提升，农业信息化水平明显提升，部分地区率先基本实现现代化。到 2025 年，根本改变核心关键技术受制于人的局面，形成安全可控的信息技术产业体系，涌现出一批具有强大国际竞争力的数字经济企业与产业集群，数字经济进一步发展壮大，数字经济与传统产业深度融合；信息消费总额达到 12 万亿元，电子商务交易规模达到 67 万

① 韩建国 . 企业数字化管理工程 [M]. 北京：机械工业出版社，2017.

亿元；制造业整体素质大幅提升，创新能力显著增强，工业化与信息化融合迈上新台阶；信息化改造传统农业取得重大突破，大部分地区基本实现农业现代化。预计到 2025 年我国互联网将促进劳动生产率提升 7%~22%，对 GDP 增长的贡献率将达到 3.2%~11.4%，平均为 7.3%。到 21 世纪中叶，国家信息优势越来越突出，数字红利得到充分释放，经济发展方式顺利完成数字化转型，先进的信息生产力基本形成，数字经济成为主要的经济形态。

3. 分享经济将成为数字经济的最大亮点

经历了萌芽、起步与快速成长，分享经济即将进入全面创新发展的新时期，成为数字经济最大的亮点。

我国分享经济已进入一个人人可参与、物物可分享的全分享时代。其主要表现在：①更多人的参与。随着互联网应用的普及，会有更多的中老年人群、农村居民参与到分享经济中来。②更广泛的分享。从无形产品到有形产品、从消费产品到生产要素、从个人资源到企业资源，物物皆可纳入分享经济的范畴。③更深入的渗透。分享经济将深入渗透到各个行业领域，不仅活跃在交通、住房、教育、医疗、家政、金融等与人们生活息息相关的服务业领域，还将迅速渗透到基础设施、能源、农业、制造业等生产领域。④更活跃的创新。未来，我国分享经济将进入本土化创新的集中爆发期，分享经济企业将加速实现从模仿到原创、从跟随到引领、从本土到全球的质的飞跃。

第四章　绿色经济发展

绿色经济发展的理论起步比较晚，是全球经济发展到一定阶段之后的产物。虽然其起步比较晚，但是各国学者都做出了一定的研究，也形成了一些关于绿色经济的理论。本章主要从四个方面着手，分别是绿色经济概述、绿色经济的特征、绿色经济的理论框架和中国绿色经济发展，为后面的研究构建理论基础。

第一节　绿色经济概述

一、绿色经济的内涵

20 世纪 90 年代，“绿色经济”作为一个独立的概念首次被英国著名经济学家皮尔斯在其著作《绿色经济蓝皮书》中提出，在书中绿色经济被定义为一种可持续发展的经济形态。绿色经济要以当前生态条件为依据，结合现实发展情况建立起一种新的经济发展模式，该发展模式一定要在自然经济和人类可承受的范围之内。随后，联合国环境规划署在 2008 年的《绿色经济发展》报告中把绿色经济定义为：“在经济发展的同时，确保自然资源的可持续增长能力，从而为经济发展与人类福祉持续提供资源与环境生态的服务。”从著名专家和联合国环保机构的定义中可以发现，绿色经济应当具备低碳、资源的合理高效利用和社会包容性三个方面的特质。绿色经济在经济活动领域之中应当包含碳排放量与环境污染的减少，以及提高能源与资源的使用效率，进而防止生物多样性缺失及对生态环境的破坏。

除此以外，还有一些国外及国内的专家学者对绿色经济进行了研究，其中以丹赫尔的三因素决定论最具影响。丹赫尔所说的三因素主要指环境、经济和社会。博卡特把绿色经济概况为六个方面的内容，分别是可再生能源、绿色建筑、清洁交通、水资源管理、废弃物管理和土地管理，六个方面协同发展，互为补充，共同构建绿色经济。自改革开放以来，中国经济社会不断发展，在发展的过程中各种问题也随之而来，尤其是环境问题在一段时间内成为制约中国经济发展的重要因素。在这样的时代背景之下，中国学者不断加深对绿色经济方面的研究，也取得了不错的成绩。季涛认为，绿色经济是以效率、和谐、持续为发展目标，以生态农业、循环工业和持续服务产业为基本内容的经济结构、增长方式和社会形态。刘思华认为，绿色经济是以生态经济为基础，知识经济为主导的可持续发展的实现形态和形象体现，是环境保护和社会全面进步的物质基础，是可持续发展的代名词。邹进泰、熊维明认为，绿色经济是一个国家或地区在市场竞争和生态竞争中形成的能够发挥比较优势、占有较大国内外市场份额，并成为国民经济主导或支柱产业的绿色产业、绿色产品和绿色企业。李向前等人认为，绿色经济是充分利用现代科学技术，以实施自然资源开发创新工程为重点，大力开发具有比较优势的绿色资源；巩固提高有利于维护良好生态的少污染、无污染产业，在所有行业中加强环境保护，发展清洁生产，不断改善和优化生态环境，促使人与自然和谐发展，人口、资源与环境相互协调、相互促进，实现经济社会的可持续发展的经济模式。吴晓青认为，绿色经济是以保护和完善生态环境为前提，以珍惜并充分利用自然资源为主要内容，以社会、经济、环境协调发展为增长方式，以可持续发展为目的的经济形态。

综合国外及国内学者的研究成果，笔者认为绿色经济的内涵应当包括以下几个方面:第一，绿色经济发展的前提是环境和自由;第二，绿色经济的发展目标是协同发展，包括经济、社会和环境；第三，绿色经济发展不仅要追求结果的绿色，更要追求过程的绿色和生态。绿色经济就是经济的可持续发展，这种可持续发展要建立在对资源的保护和充分利用的基础上，保证经济的发展不以损害环境为代价。

二、绿色经济相关概念介绍

除了本研究介绍的绿色经济以外，学者关注比较多的研究方向还有循环经济和低碳经济，这三者在内容上有重叠部分。循环经济主要从生产的角度来阐述，它源于日趋激烈的市场竞争和不断枯竭的资源。在循环经济模式之下，工业生产投入的资源被分成两大类，分别是生态友好型和技术友好型。生态友好型资源是指那些在生产过程中产生的对环境没有负面影响的废弃物的生产资料，这些资源产生的废弃物将排入自然界生物圈内再循环，从而实现生态型资源的循环利用；技术友好型资源是指在生产过程中产生的对环境有不良影响的生产资料，这些资源产生的废弃物应在生产过程中得到最大限度的利用，并全力减少其排放。循环经济的发展提高了经济和资源的利用效率，推动了经济的健康发展，它可以作为绿色经济的一个重要组成部分。

低碳经济产生的背景是碳的排放量增加导致全球气候变暖，低碳经济是一类经济形态的总和，当前的低碳经济主要包括低碳发展、低碳产业、低碳技术、低碳生活等，低碳经济的特点是低能耗、低污染、低排放。低碳经济最基本的目标就是要实现经济社会的协调与可持续发展；其最根本的要求就是要通过技术的改进和观念的更新不断提高资源的利用效率，不断降低碳的排放量，从而实现全球的生态平衡。

通过对比分析可以发现，绿色经济与循环经济、低碳经济在发展上的理念是相同的，都是在充分认识人与自然的基础上进行的。通过对三者的研究发现，它们的理论基础是相近的，发展观和发展路径也比较类似，都是追求提高对资源的利用效率。虽然三者具有如此多的相似之处，但是它们之间的差别还是比较明显的。循环经济的主要目标是应对经济发展中已经出现的能源危机，通过技术的革新和观念的改变提高能源的利用效率以及对资源进行循环再利用。低碳经济在发展上更加注重降低能源的损耗，减少污染量的排放，其主要依靠对能源开发技术的不断革新、改变消费模式、创新经济发展的路径。低碳经济既注重减少碳的排放量，又注重发展新型经济，非常符合当下的时代主题。而绿色经济的立足点是解决当前存在的环境危机，绿色经济的核心思想是以人为本，在发展的过程中既注重对环境的保护，又要全面提高人民群众的生活水平，追求一种人与自然和谐发展的状态，最终能够实现全社会的共同发展和进步。

以上三种经济发展理论都是基于当前人类发展所面对的共同问题而出现的，分别从不同的角度解决问题，每种方法都有其自身的优势。就三种理论的覆盖范围而言，绿色经济理论更加全面，它在内容上涵盖了循环经济和低碳经济，也在发展目标上把二者纳入其中。所以，本研究的对象——绿色经济是一种符合当今时代发展需求的、更为全面的经济理论，对绿色经济进行研究能够更加广泛地推动社会文明的进步。

第二节　绿色经济的特征

绿色经济的发展有别于以往的经济发展模式，它注重对人的健康需要的供给和人的发展供给，如果偏离这一目标将毫无意义。根据马克思的观点，人创造了社会财富，所以社会财富应由人们共享。绿色经济发展注重环境保护，但是并不像唯生态主义者那样只关注生态保护，而忽视经济发展和人的健康发展。绿色经济发展是希望通过人与自然的和谐共生、和谐相处实现人类的永续发展，既不是通过破坏环境来获取发展，也不是以牺牲子孙后代的利益来换取当代的发展，而是兼顾眼前和长远、当代和后代的和谐发展。在对绿色经济进行深入分析的基础上，我们发现其作为一种崭新的经济形态具有以下一些特征。

一、绿色经济具有绿色文明性和产业性

绿色经济的发展建立在价值观重构的基础上，其更加注重对资源的保护和利用，涵盖了工业生产的各方面。绿色经济追求的是生态和经济价值的最大化，在发展过程中要时刻把观念摆在首要位置，即绿色文明性。随着人与自然关系的不断演变，人类文明进程也在逐步推进。第一次工业革命使人类由农业文明时代迈向工业文明时代，这是历史上一个了不起的进步。①第二次和第三次工业革命使人类发展了工业文明，极大地解放和发展了资本主义发展模式，但是也带来了巨大的环境消耗。而作为第四次工业革命的绿色经济革命，将推动人类从黑色的工业文明时代进入新的绿色文明时代。可以说，绿色文明是绿色经济的基本价值观，绿色经济是绿色文明的表现形态，是人类对自然规律、经济规律和社会规律探索的最新集大成，即绿色经济具有文明性。

绿色经济不是孤立存在的，而是依托于相应的产业发展的，因此绿色经济在发展中具有产业性。产业性是绿色经济最直接的外在表现，也是促进原始创新与经济不断循环的重要途径。产业绿色化是一次全方位的产业革命，既包括传统黑色产业的绿化，也包括战略性新兴绿色产业的发展。一方面，新兴产业不能凭空而为，必须依赖传统产业的技术积累、制造能力和产业体系，传统产业已经形成完备的产业配套体系，能够为新兴绿色产业发展提供雄厚的产业支撑和广阔的市场需求；另一方面，要发挥绿色产业的技术优势，加快传统高耗能、高污染、高排放和低效益的产业，如钢铁、水泥、玻璃、化工、有色金属等的改造，淘汰落后产业，突破黑色和褐色产业的利益刚性与发展惯性，提高资源利用效率，降低能耗和减少碳排放，进一步发展具有比较优势的劳动密集型产业，扩大社会就业。同时，实现绿色产业的绿色转型，要吸引私人和公共资本进入绿色经济领域，发展绿色金融，加大对可再生能源、新能源汽车、环保等战略性新兴绿色产业的绿色投入。在新兴绿色产业发展方面，发展中国家与发达国家差距较小，可充分利用基础理论方面的全球公共知识，加大绿色投入，利用蛙跳原理，发挥自身的后发优势，实现又好又快发展。

绿色经济的发展不是唯经济指标的发展，在发展过程中强调通过高新技术作为内生动力，助推人与自然和谐相处、和谐发展，实现经济指标、生态指标及人的全面发展指标相互促进、相得益彰、共同发展，任何一个指标发展的缺位都将影响三个指标

① 张萧尹，生态经济学视角下的资源型区域经济发展模式研究 [D]. 太原：山西财经大学，2015.

的整体效能。绿色经济强调经济发展的关键在于资源环境的永续性、可持续性，子孙后代能够永续享用，即具有代际公平性、生态永续性的特点。因此，必须深入坚持绿色发展理念，利用第四次工业革命技术建立基于生态指标、经济指标、人的获得指标为一体的生态化经济发展模式。

二、绿色经济具有消费合理性

绿色经济最终的产出是为消费服务的，绿色经济建立在消费的基础上才是有价值的，才是会继续发展的。2012 年，尼尔森公司发布了《全球社会意识消费者报告》，报告显示约有 66% 的消费者认为企业应当保护环境，而且消费者愿意为绿色消费承担更多成本。农业经济和工业经济的发展破坏了人与自然的依存关系，迫使人们开始寻找一种能够实现经济与资源协调发展的模式，而绿色经济强调经济发展要有利于资源节约、环境保护、消费合理的思想，恰恰符合这样一种模式。在绿色经济模式下，人类以经济、自然和社会可持续发展为目标，将绿色生产生活和生态环境保护统一起来，突出资源节约与合理利用，强调环境保护与经济增长并举。具体来说，绿色经济将自然资源作为研究的内生变量，认识到自然资源的稀缺性，唯有节约资源、减少耗费，经济地使用资源方能解决资源稀缺性与人类无限需求的深刻矛盾；而环境是人类生存的条件和发展的基础，它既能够造福人类，也能毁灭人类。因此，绿色经济要求人类自然地保护环境，减少环境污染，改善生态环境。前三次工业革命使资本主义的过度不合理消费越演越烈，消费的急速扩张远远超过了资源能源利用率的提高，而绿色经济要引导大众走向绿色、适度、合理的消费方式，将从根本上扭转无节制的不可持续消费趋势。绿色消费主要是指消费行为和消费方式，如尽可能购买散装物品，减少在包装上面的浪费；购买由可循环材料做成的商品；少购买或使用一次性产品，如酒店或饭店里的剃须刀、梳子、塑料餐具等；使用可充电电池，它寿命长久、花费更少，且不会给河流带来污染；买二手或翻新的物品；用能量利用率高的用品；用天然、无公害的物品代替化学制品家具和杀虫剂等。以上种种以及其他方法，可以帮助减少污染、节约能源和抵抗全球气候变化。按照美国环保署的说法，美国家庭中拥有的污染物是其他国家和地区家庭的 2~5 倍，究其原因，是家庭清洁剂和杀虫剂用得比较多，且留有很多残余物。

在此基础上，还要倡导绿色消费。绿色消费是一种高层次的理性消费，是带着环境意识的消费活动，它体现了人类崭新的道德观、价值观和人生观。绿色消费已得到国际社会的广泛认同，国际消费者联合会从 1997 年开始，连续开展了以“可持续发展和绿色消费”为主题的活动。随着我国城镇人均可支配收入的持续提高，按照全面小康社会建设目标，2020年人均收入较2010年要翻一番。据统计，城镇居民消费支出是农村居民消费支出的3.5倍。到2020年，我国城镇人口占比将提高到60%，消费增长潜力巨大。近年来，我国新型消费模式发展迅速，对消费拉动作用明显。2016年，中国网络零售交易总额达5.16万亿元，同比增长26.2%。在中国，原国家环保总局等六个部门在1999年启动了以开辟绿色通道、培育绿色市场、提倡绿色消费为主的“三绿工程”，中国消费者协会则把2001年定为“绿色消费主题年”。党的十七大、十八大报告也先后提出了建设生态文明的目标，并指出要基本形成节约能源资源和保护生态环境的消费模式。党的十九大报告指出：“人与自然是生命共同体，人类必须尊重自然、顺应自然、保护自然。人类只有遵循自然规律才能有效防止在开发利用自然上走弯路，人类对大自然的伤害最终会伤及人类自身，这是无法抗拒的规律。我们要建设的现代化是人与自然和谐共生的现代化，既要创造更多物质财富和精神财富以满足人民日益增长的美好生活需要，也要提供更多优质生态产品以满足人民日益增长的优美生态环境需要。必须坚持节约优先、保护优先、自然恢复为主的方针，形成节约资源和保护环境的空间格局、产业结构、生产方式、生活方式，还自然以宁静、和谐、美丽。”① 并指出要推进绿色发展，在发展经济的同时，着力解决突出环境问题，加大生态系统保护力度，改革生态环境监管体制，实现经济可持续发展。

三、绿色经济具有创新性和公益性

绿色创新本质上是要改变传统生产函数，利用创新要素替代自然要素，提高资源配置效率，使经济发展与自然资源消耗、环境污染逐渐脱钩。绿色创新包括绿色制度、绿色技术、绿色市场以及绿色观念等的创新，其中，绿色制度创新有助于正向激励绿色要素聚合，绿色观念创新引导人们改变“先污染、后治理”的思想，绿色技术创新能够提升资源利用和环境治理效率，绿色市场创新推动绿色低碳生活方式和消费模式。我国绿色消费活动涉及衣食住行众多领域。在食品领域，2003年和2005年我国分别启动了无公害农产品和有机产品认证工作，2012年又实施了绿色食品认证。近年来，围绕绿色出行的基础设施建设得到较快发展。2015年，我国城市轨道交通运营线路总长度为3069千米，“十二五”期间共建成投入运营的线路1640千米，平均每年增加328千米；预计2020年年底，我国城市轨道交通运营里程将突破6000千米，城市轨道交通将成为全国一、二线城市公共交通的主体。与常规发展模式相比，绿色创新，特别是制度的变革与技术的进步，有助于隧穿黑色经济的环境库兹涅茨曲线，能够在

① 钱均鹏，徐荣梅．习近平总书记系列重要讲话精神学习辅导读本[M].北京：中国言实出版社，2014.

相对较低的人均收入条件下达到生态赤字高峰，同时，在达到生态阈值之前缩小生态赤字，缓和人与自然的紧张关系，实现经济—自然—社会的永续发展。

绿色经济的发展一定是建立在公益性基础上的，这是基于对以往经济发展路径的深刻认识和对人类生存环境的担忧。能够被人们利用的自然资源在一定时空范围内的数量是有限的，而人们对物质需求的欲望却是不断膨胀的，自工业文明以来，二者之间的矛盾越来越凸显。

经济、社会和环境的协调可持续发展是绿色经济的最高宗旨。绿色经济要求遵循生态规律和经济规律，时刻考虑生态环境容量和承载能力。因为环境资源不仅是经济发展的内生变量，而且是经济得以发展的前提条件。同时，发展绿色经济有利于减少贫困；发展绿色经济有利于增加自然资本投资，从而增强生态环境保护与收入提高的相关性；发展绿色经济可以提高贫困人群拥有的生存资本的存量和质量，扩大其经济贸易机会，最终有助于社会发展。此外，当全社会的绿色经济观念和意识增强时，有助于更加广泛地在生产生活中践行绿色经济思想，以实际行动共建美丽地球。无论在环保上还是在经济发展上，绿色经济的发展水平比以往的传统经济发展模式都要有更大的提升和进步。绿色经济强调的人与自然的和谐统一，经济、社会与环境可持续发展的理念，惠及每个国家的每个公民，甚至是人类的永续发展。因此，绿色经济能够吸引各个国家和人民自觉投身绿色经济发展，即以最小的资源消耗获得尽可能大的经济效益，实现物质文明、生态文明、精神文明协调发展。

四、绿色经济具有低碳性和复杂性

绿色经济的发展是以低碳环保为前提条件的，绿色经济一方面强调生产生活的节能、降耗，即提高能源利用效率，提高可再生能源和新能源的消费比例，尽可能地减少煤炭等不可再生能源的使用；另一方面，强调生产和消费环节应减少碳排放，降低经济发展对环境的损害和资源的消耗，体现低碳的环保理念。低碳经济已成为世界经济发展的主要特征和趋势。在中国大力发展低碳经济，也是构建小康社会、实现“美丽中国”的蓝图的必由之路和坚实保障。“绿水青山就是金山银山”是对低碳经济最为形象的描述和概括，也是党和国家最为明确的指示和要求。低碳经济作为新的发展模式，不仅是实现全球减排目标的战略选择，也是保证经济持续健康增长的最佳选择。全球经济发展理念和模式的转型为中国经济发展提供了重大机遇。在政府倡导和企业自觉的双向努力下，中国已经成为积极发展低碳经济的引领者。历经数年发展，中国企业目前已经在多个低碳产品和服务领域取得世界领先地位，其中以可再生能源相关行业最为突出。

绿色经济通过加大绿色投资、提升绿色技术创新、改善绿色组织管理等方式转变粗放的增长模式，提高资源使用效益，减少资源消耗和污染排放，最终实现经济发展。绿色经济模式与传统经济模式最大的区别在于绿色经济模式更具包容性，不仅关注经济的增长，还始终把人的存在状态和发展水平作为关注的核心和思考的起点，认为唯有提高人类福祉和社会公平，为妇女、儿童及贫困地区人口创造更多绿色就业和收入机会，方能实现环境、经济和社会的可持续发展。绿色经济不仅重视人的获得感的提升和生态文明建设的成效，而且重视社会的发展和进步。绿色经济的供给领域改革不仅包括生产和分配的体制机制供给，而且包括公平供给的落实，使绿色经济的发展公平地惠及每个人。绿色经济强调注重人的环保意识的培养，使环保行为成为每个人的自觉行为，成为一个社会和国家的自觉行为，并且把绿色经济作为衡量社会进步的重要标注，以绿色 GDP 取代传统 GDP。绿色经济是具有复杂特性的经济形态。所谓复杂——按照米歇尔 · 沃尔德普罗的观点是那种发生在秩序与混沌的边缘的状态，是一种既具有亦此亦彼又具有非此非彼、既具有确定性同时又具有不确定性的过程。绿色经济正是具有这样特性的经济形态。从秩序、现在、危机的视角看，它是以市场为导向、以传统产业经济为基础、以绿色创新为利润增长点的经济增长方式；从混沌、未来、重构的角度看，它似乎又是主要以全球跨国之间的价值认同和国际契约为导向、以可持续发展的微观经济组织为基础、以人类共同福祉为目标、具有新质的经济发展方式。绿色经济的复杂性决定了它还具有或然性特征。它既可以被当作带动新一轮经济增长的创新点，又可以被当作诱发新经济发展的始基因素。众所周知，经济增长与经济发展都是经济进步的表现形式，但前者是原有生产方式基础上量的进步，后者是旧有生产方式发生革命性质的转变。从选择的角度看，经济增长方式的创新常有发生，经济发展方式的转变却很少进行，因为那些能诱发生产方式质变的始基因素可遇不可求。迄今为止，只有那些诱发了 18 世纪中叶、19 世纪中后叶、20 世纪 70 年代三次划时代的产业革命的革命因素，才能被称为具有培育或诱发生产方式全球性革命的始基因素。

第三节　绿色经济的理论框架

一、绿色经济的系统框架

绿色经济是将自然资本作为经济发展的内生变量，以绿色文明为基本价值观，以资源节约、环境保护和消费合理为核心内容，以绿色创新为根本动力，通过技术创新与绿色投入，改造传统产业与发展新兴绿色产业，全面绿化整个经济系统，实现绿色增长与人类福祉最大化的经济形态。绿色经济主要由绿色劳动者、绿色企业、绿色市场和中介组织、政府、社会等部门共同参与。因此，应该将绿色经济视为绿色生产、分配、交换、消费的有机系统。绿色经济是经济社会发展到一定阶段的现实选择和必然产物。消费理论认为，当人均收入超过 3000 美元时，效率不再是消费者进行产品满意度评价的唯一标准，产品的健康性、异质性、独特性风格等也是评价的重要参考依据，绿色经济很好地契合了这一标准。由于与传统的经济形态相比，绿色经济在核心内容、根本动力及表现形式等方面有着本质的区别，因此绿色经济动态循环过程同其他经济形态也有所区别。

绿色经济系统的外围层是绿色经济系统的基础环境，主要包括绿色制度、自然资本、科技创新、社会保障等。绿色基础环境是绿色经济体系的支撑和保障，也是推动绿色经济持续发展、良性循环的关键内容。正如世界经济合作组织在《迈向绿色增长》报告中所指出的：稳定的宏观环境，特别是财税制度、科技创新、纠正严重失衡的自然系统和破除资源“瓶颈”是绿色增长的四大来源。具体来说，绿色制度包括以政策法规为主的正式制度和以道德文明为主的非正式制度。而好的制度，特别是那些有利于促进资源有效利用和生态环境保护的制度，有望在长期增加人类福祉，是任何绿色发展战略的核心。①

二、绿色经济的核心框架

（一）绿色生产

绿色生产是绿色经济的重要运行形式，它将自然资源与生态服务纳入生产投入的范畴，以节约能源、降低能耗、减少污染为目标，以技术和管理为手段，将绿色理念

① 孙毅 . 资源型区域绿色转型的理论与实践研究 [D]. 长春：东北师范大学，2012.

贯彻到生产的全过程，创造出绿色产品，以满足绿色消费、实现资源节约和环境改善。从生产流程来看，绿色生产包括绿色决策、绿色设计、采用绿色技术与工艺、绿色采购、绿色营销以及绿色管理等方面；从生产类型来看，绿色生产包括绿色产品生产、绿色服务和劳务生产等。其中，绿色决策是绿色生产的灵魂，它要求生产者摒弃传统粗放的生产方式，在制订生产计划、选择研发方案、确定产品种类等时都必须将资源节约与环境影响考虑在内。在绿色生产环节，绿色管理也是重要的内容。绿色管理是绿色经济的微观实现途径，是生态经济学在现代企业管理的新的发展。绿色管理坚持全过程控制和双赢原则，要求在管理的各个层次、各个领域、各个方面、各个过程时时考虑环保、处处体现绿色。因此，绿色管理能够为企业带来差别优势和成本优势，有利于提升企业的社会形象，是提高企业竞争优势的重要手段。

（二）绿色消费

绿色消费是一种以协调人与自然关系为目标，有益于消费者自身、他人身心健康，有利于环境改善的新的消费方式。作为绿色经济活动的起点和终点，绿色消费通过价格机制调节引导产品结构、市场结构以及产业结构的绿色化转变。绿色消费的对象是绿色产品与服务，消费方式是合理适度消费，消费结果是改善健康安全水平。绿色消费的内容极为广泛，涵盖消费行为的各方面，可以用 5R 原则来概括，即节约资源（Reduce）、环保选购（Reevaluate）、重复利用（Reuse）、循环再生（Recycle）和保护自然（Rescue）。绿色消费根据这五个原则分为对应五种消费类型：节约资源型消费、环保选购型消费、重复利用型消费、循环再生型消费和保护自然型消费。

节约资源型消费指的是在消费中尽量节约自然资源，特别是不可再生的资源，同时尽量减少对环境的污染破坏；环保选购型消费指优先选购有利于身体健康和环境保护的消费品，以自身的消费选择来倒逼企业进行绿色生产；重复利用型消费要求在日常生活中尽量减少一次性物品的使用，重复利用各种物品，最大限度地发挥产品的使用价值；循环再生型消费要求对尚有利用价值的消费品进行分类回收、循环利用，减少资源浪费和污染；保护自然型消费又称自然友好型消费，它强调在消费过程中尊重自然、顺应自然、保护自然，以实现人与自然的和谐共处。只有当绿色消费不断扩大、逐渐成为气候，绿色需求足够强烈时，绿色消费力量才能达到一定水平，方能抵制和抗衡市场的非理性行为，推动绿色市场的健康发展。

（三）绿色市场

绿色市场是绿色经济运行的整体形式，是绿色生产与绿色消费的中间联系。研究绿色市场就是从整体上把握绿色经济的运行状况，以揭示绿色经济的总体特征和运行机理。绿色市场包括商品市场和要素市场。商品市场又包括绿色消费品和绿色生产资料市场；要素市场即绿色生产要素市场。绿色经济的本质要求将经济活动的生态环境影响纳入市场的体系和框架中，这一本质决定了绿色市场与传统市场相比，必须解决影响经济绿色化的两个问题：一是解决经济活动的外部性问题，即如何将外部性内部化；二是价格机制如何反映市场绿色供给与绿色需求的关系。解决外部性内部化的主要理论观点是庇古税和科斯定理，即通过制定自然资本的税收与补贴政策，明确自然资本的产权关系，减少公地悲剧和“搭便车”等市场失灵问题发生，有效地补偿外部性问题中利益受损的一方，保障绿色经济的顺利运行与发展。

（四）三者的关系

绿色生产、绿色消费与绿色市场三者是相互影响、相互制约的。绿色生产是绿色经济体系的基础，以生产过程的生态足迹减少为核心，既满足当前社会需求，又不能损害满足将来需求的生产活动。绿色生产决定绿色消费的对象、方式、质量和水平，要求各种原材料和能源消耗最小化、各种生产浪费最小化。绿色消费作为绿色经济活动的起点和终点，是绿色生产的目的和动力，调节反作用于绿色生产，是绿色经济体系的关键。只有当消费者，包括个体消费者和机构消费者，倾向购买可持续的绿色产品和服务时，生产者才会积极响应消费者的需求，生产绿色低碳的产品和服务。绿色市场是绿色经济体系的重要中介，是绿色生产与绿色消费实现的关键平台，只有通过市场机制方能实现绿色价值。随着绿色生产、交易和消费过程的完成，绿色的生产、交换、分配和消费的循环过程便得以实现。

绿色评价包括对自然资源市场价值的造价评估、对经济增长的质量与构成的考核、对生产生活消耗的资源、人类活动对环境的影响、自然环境对人们财富与福祉的影响等进行评价。强有力的绿色评价将地球边界纳入考量范畴，能够有效地监测与管理三大资本的扩大再生产，解决“搭便车”等市场失灵问题，提高经济发展的质量，实现经济、社会、环境效益的统一。

在短时间内，绿色转型的代价以及政策协调难度大等因素会阻碍绿色政策的实施和制度的完善。在绿色经济理论中，自然资本是同人造资本、人力资本并驾齐驱的三大生产要素。世界银行指出：忽视自然资本就如同忽视人力资本和人造资本，是坏的管理方式，坏的经济学，是不利于经济增长的。自然资本不可被人造资本完全替代，自然资本的有限性特征，必然会制约以人造资本积累为导向的经济增长。扭转摆脱这一制约的关键在于科技创新。科技创新是绿色经济的动力和关键，对经济总量起到扩张和倍增的作用，有利于提高要素投入的综合生产力，改变三大资本之间的相互关系，释放生产力。一方面，技术进步与创新使经济增长与自然资本消耗和生态环境破坏脱钩；另一方面，技术进步与创新通过改变生产要素结构，解除要素限制对生产力发展造成的阻力。绿色经济以人为本，维护人们较高的生活质量，为人们提供物质保障、健康、自由、安全等，其最终目标是提高人类福利水平。当前，提高人们的物质保障和健康安全的主要要素就是社会保障体系。社会保障要素涵盖教育、医疗卫生、文娱等内容，通过人类日常生活对自然环境系统产生影响，并为绿色经济系统提供绿色的产品和服务，满足经济系统的消费需求。因此可以说，社会保障情况既是绿色经济发展水平的具体体现，又是绿色经济竞争力提升的重要保障，更是实现经济系统、生态系统和社会系统三位一体的基本前提。

第四节　中国绿色经济发展

中国绿色经济的发展起步较晚，经过几十年的初步探索后取得了一些成绩，但还存在很多问题。本节主要从中国发展绿色经济的探索、中国发展绿色经济的主客观条件以及中国绿色经济发展新常态三个方面进行阐述，全面介绍中国绿色经济发展的现状。

一、中国发展绿色经济的探索

中国发展绿色经济新探索既是基于世界各国对绿色经济发展探索的这一全球背景，也是基于过去几十年中国发展绿色经济的既有探索，中国绿色经济是在可持续发展框架下进行的。早在 2001 年，中国生态经济学会会长刘思华就在《绿色经济论》一书中界定了绿色经济的概念：绿色经济是可持续经济的实现形态和形象概括。它的本质是以生态经济协调发展为核心的可持续发展经济。2010 年 11 月 20 日，联合国工业发展组织国际环境资源管理监督机构授予四川遂宁全球首个“绿色经济示范城市”的称号。1990 年，农业部专门召开绿色食品工作会议，推出绿色食品工程，批准命名了 271 项 128 种绿色食品。1996 年，我国开始实施一项为期 15 年的《跨世纪绿色工程计划》。2004 年，国家环保总局（2018 年改为生态环境部）和国家统计局联合发布了中国第一份经过环境污染调整的 GDP 核算报告——《中国绿色 GDP 核算报告》，报告指出由于污染造成的损失占当年 GDP 的 3.05%，加上治理环境污染应该投入的虚拟成本，当年的 GDP 要再消耗 1.8%。2009 年 6 月 17 日，国务院常务委员会议明确提出，做好节能减排工作，大力发展环保产业、循环经济和绿色经济，这是我国政府首次把发展绿色经济纳入国务院日常工作。2012 年 6 月，在巴西召开的联合国可持续发展大会中，我国政府准备了《中华人民共和国可持续发展国家报告》，还准备了16份《中国可持续发展报告（民间组织版）》，并派出高级别的中国政府代表团和16家民间组织代表团参会、参展，组织论坛、边会、技术交流等一系列活动。此外，我国还进行了绿色经济发展的相关实验探索，主要有：从1986年就开始了可持续发展实验区的创建和示范，截至2016年年底，已经建立189家国家可持续发展实验区，其中遴选出13家国家可持续发展先进示范区。

上述中国发展绿色经济既有探索既为未来中国发展绿色经济新探索奠定了一定的基础，又积累了丰富的经验。在此基础上，未来中国发展绿色经济需要新探索，而新探索需要全面分析所面临的主客观条件。

二、中国发展绿色经济的主客观条件

中国发展绿色经济主观条件是坚持党的基本路线，客观条件是转变经济发展方式和供给侧结构改革。只有在主客观条件的影响下，中国绿色经济才能实现又好又快的发展。

（一）中国处于经济发展的转型期

绿色经济与传统经济发展模式最大的区别在于经济发展方式的转型，这一判断提出的依据是发达国家的经验和对我国经济发展过程中问题的思考。自改革开放以来，中国的经济发展取得了举世瞩目的成绩。然而，我国在取得巨大经济效益和社会建设成就的同时也付出了环境、资源和生态方面的代价。鉴于此，为了逐步减少这些代价和避免这些代价的继续蔓延，在未来，我国必须在保护生态环境、减少资源浪费、提高资源利用率的基础上，以科学发展观统领我国未来经济社会发展全局，加快转变经济发展方式。党的十九大报告提出，我们要建设的现代化是人与自然和谐共生的现代化，既要创造更多物质财富和精神财富以满足人民日益增长的美好生活需要，也要提供更多优质生态产品以满足人民日益增长的优美生态环境需要。必须坚持节约优先、保护优先、自然恢复为主的方针，形成节约资源和保护环境的空间格局、产业结构、生产方式、生活方式，还自然以宁静、和谐、美丽。2006年，国家环保总局和国家统计局联合发布的《中国绿色国民经济核算研究报告》白皮书说，自20世纪70年代末以来，随着中国经济持续快速发展，发达国家上百年工业化过程中分阶段出现的环境问题在中国集中出现，环境与经济发展的矛盾日益突出。仅以2004年为例，全国因环境污染造成的经济损失为5118亿元，占当年全国GDP的3.05%。另外，国家环保总局《中国的环境保护（1996—2005）》白皮书关于全国因环境污染造成的经济损失的估值是10%，世界银行则是13%。由此可见，如果不尽快转变经济发展方式，未来中国自然、经济和社会的可持续发展必将面临严峻挑战。截至2014年年末，全国GDP和工业增加值分别达到643974亿元和233856.4亿元，相比2006年分别增长193.5%和153.5%。与此同时，全国能耗426000万吨，同比增长48.7%；主要大气污染物SO_2排放量1974.4万吨，同比下降23.7%；NOx排放量2078万吨，同比增长36.4%。

展望未来，生态环境脆弱、资源相对短缺、环境容量不足，已经成为我国推进现代化建设进程中的严峻难题，是我们党和国家不得不面对并且必须妥善解决的问题。因此，减少资源浪费和提高资源利用率，修复和保护生态环境，加快建设资源节约型和环境友好型社会，促进人与自然和谐发展，成为我国未来30多年科学发展的必经之路。过去30多年，我国的经济社会发展实践表明，传统粗放型的经济发展方式是与可持续发展理念背道而驰的。因此，未来我国不能延续过去30多年那种粗放型经济发展方式，转变经济发展方式是保持未来我国经济可持续发展必然的战略选择。

党的十八大报告明确指出：以科学发展为主题，以加快转变经济发展方式为主线，是关系我国发展全局的战略抉择。顺应未来我国经济社会的发展规律和客观要求，在生态、资源和环境系统的承受力、承载力许可的范围内维持经济系统的运行，既是实现经济的可持续增长，也是保证生态、资源和环境的可持续循环利用，更是保证资源节约型社会和环境友好型社会建设的顺利推进。2014年，中央财经领导小组第七次会议指出："我国是一个发展中大国，正在大力推进经济发展方式转变和经济结构调整，必须把创新驱动发展战略实施好。实施创新驱动发展战略，就是要推动以科技创新为核心的全面创新，坚持需求导向和产业化方向，坚持企业在创新中的主体地位，发挥市场在资源配置中的决定性作用和社会主义制度优势，增强科技进步对经济增长的贡献度，形成新的增长动力源泉，推动经济持续健康发展。"党的十九大报告指出，我国经济已由高速增长阶段转向高质量发展阶段，建设现代化经济体系是跨越关口的迫切需求和我国发展的战略目标。这既跟我国经济进入新常态的判断内涵是一致的，也是对我国发展实际的一个准确判断。改革开放40多年的发展，我国已经有多种产品的产量居全世界第一，但很多行业产能不是少而是过剩了，所以要去产能，如今我们的问题关键就在于质量还不够高。①

（二）中国的发展战略要坚持党的基本路线

自改革开放以来，党和国家的工作重点一直是以经济建设为中心。在过去很长一

① 钱均鹏，徐荣梅. 习近平总书记系列重要讲话精神学习辅导读本[M].，北京：中国言实出版社，2014.

段时间里，对中国社会主要矛盾的论述均为“人民日益增长的物质文化需要同落后的社会生产之间的矛盾”。党的十九大报告提出，我国社会主要矛盾已经转化为“人民日益增长的美好生活需要和不平衡不充分的发展之间的矛盾”。目前人民对美好生活的需要不仅对物质文化生活提出了更高要求，而且在民主、法治、公平、正义、安全、环境等方面的要求日益增长；我国社会生产力水平总体上显著提高，更突出的矛盾是城乡、区域、收入分配等存在的不平衡不充分等问题，这已成为满足人民日益增长的美好生活需要的主要制约因素。社会主要矛盾发生变化，关系全局，影响深远，这对党和国家的工作提出了许多新要求。报告特别指出，社会主要矛盾的变化并没有改变我们对我国社会主义所处历史阶段的判断，我国仍处于并将长期处于社会主义初级阶段的基本国情没有变。由此可见，未来中国继续坚持党的基本路线这一问题从主观上直接决定中国发展绿色经济新探索的总体思路。

回顾中国改革开放 40 多年的发展，正是因为我国始终坚定不移地坚持党的基本路线才取得了举世瞩目的成就。那么，在既有成功和成就基础上，未来我国应该如何继续坚持党的基本路线呢？笔者认为，在这一问题上，未来我们必将面临新的发展环境、新的发展任务，与之相应，党的基本路线的内容、任务、方法、路径也将随之发生根本的改变。因此，我们可以通过纵观党的基本路线的客观进程和规律，全面把握其中的阶段性，明晰不同时期党的基本路线不同的内容、任务、方法、路径，以便于在未来不同的阶段更加科学、更加实际地坚持和贯彻党的基本路线。

改革开放 40 多年来，我国的城市化水平从改革开放初不足 18% 到 2010 年的 51%，标志着我国已经从农村社会迈向城市社会；形成了初具规模的现代交通体系，铁路（尤其是高铁）、公路（尤其是高速公路）、航空、航运、城市交通（尤其是地铁）等超常规和跨越式发展；全国性的输电输油气等网络骨架基本形成；高速信息网络系统全面铺成；工业化进程快速推进，工业体系日益完善，工业产业结构调整优化和升级；目前，我国 99% 以上的商品供求和价格由市场调节，已经形成了商品、资金、技术、房地产、外汇等市场体系。在上述所取得巨大经济成就的基础上，我国的社会建设也日新月异。城镇居民生活的恩格尔系数从 1978 年的 57.5% 降到了 2010 年 35.0%；农村居民家庭恩格尔系数从 1978 年的 67.7% 下降到 2009 年的 41.0%；绝对贫困人口从改革开放初的 25000 万人减少到 2010 年的 2688 万人；国家财政支出从过去仅仅满足吃饭和经济建设逐步向教育、医疗卫生、农业、社会保障、生态环境、城市交通等公共服务和社会保障领域倾斜；建立了农村和城市低收入居民保障体系，基本消除了城镇零就业家庭；免除了农业税和农林特产税，给予农民在种粮、购买农机具和购买良种方面的补贴；建立了新型的农村合作医疗制度并开始试点农村养老保障制度；建立了针对城市学龄前儿童、学生、无单位人员等的医疗保险体系；科学技术与发达国家的差距从当初的50年左右缩小到现在的10年左右，相当多的技术达到了国际先进水平，甚至在国际上领先。

三、中国绿色经济发展新常态

绿色发展是我们党对生态文明认识与实践的不断深化的过程。党的十六大首先提出了生态文明的初步设想，提到了要走生态良好的发展道路；党的十七大第一次将生态文明写入了党的报告当中；党的十八大提出五位一体发展格局，即将生态文明建设与经济建设、文化建设、社会建设、政治建设并列在一起，形成五位一体；党的十八届三中全会更加深入地提出了要深化生态文明体制改革；党的十八届四中全会非常鲜明地指出要建立健全生态文明这一法律制度。因此，国家对生态文明的认识与实践是一个不断深化和成熟的过程。同时，国家出台了一系列关于生态文明建设的指导意见以及总体方案，如《关于加快推进生态文明建设的整体意见》中就提出了“绿色发展”这一新概念。在“十三五”规划建议当中，绿色发展的理念主要是从这一建议当中归纳出来的。

改革开放40多年来，我国经济社会发展取得了令人瞩目的成就，但发展当中的不平衡、不协调、不可持续的问题同样非常突出，特别是经济发展中的资源环境代价过大，发展质量不高，经济社会发展与人口、资源、环境之间的矛盾日益突出。我国生态环境恶化的趋势虽然在趋缓，但还没有得到根本的遏制。例如，森林生态系统总量不足，而且分布得不均匀，质量也不高，现在全国的森林覆盖率为21.36%，不到历史最高时期的1/3；而且森林平均每公顷的蓄积量非常少，不到日本的1/4，德国的1/6。森林不仅总量不够，质量也不行，草原退化、水土流失、土地沙化、石漠化等问题非常严重，全国可利用的天然草原90%出现了不同程度的退化，水土流失的面积占到全国国土面积的30.7%，总面积达到了295万平方千米，沙化的面积占了整体国土面积的18%，整个沙化面积是173万平方千米，石漠化的面积达到了12万平方千米，量都是非常大的。

因此，“十三五”规划明确提出，我们要走绿色发展之路。“十三五”规划中提到，绿色是永续发展的必要条件和人民对美好生活追求的重要体现，必须坚持节约资源和保护环境的基本国策，坚持可持续发展，走生产发展、生活富裕、生态良好的文明发展道路，加快建设资源节约型、环境友好型社会，形成人与自然和谐发展的现代化建设新格局，推进美丽中国建设，为全球生态安全做出新贡献。

四、人与自然和谐发展

1. 充分发挥政府的作用

人与自然的和谐共生是一个非常根本的理念性的作用，要有度有序地利用自然资源，调整优化空间结构，要划定农业空间和生态空间的保护红线。自然资源、生态空间是有限度的，它不是无限度地扩展的。现在可以根据科学的方法来确定生态的红线，即生态的上限，我们就应该按照红线的规定来进行经济生产活动，要通过红线来构建合理的四大空间格局，即城市化格局、农业发展格局、生态安全格局、自然岸线格局。设立统一规范的国家生态文明试验区，如生态环境部就进行了国家生态文明试点示范区，国家发改委、财政部、自然资源部、水利部、农业农村部和国家林业和草原局六部委建立了国家生态文明先行示范区，水利部进行了国家生态文明建设试点市，国家发改委、财政部和国家林业和草原局三部委进行了西部地区生态文明示范工程试点，国家海洋局建立了海洋生态文明示范区。

2. 根据资源环境的承载力调节城市的规模

根据资源环境的承载力调节城市的规模是发展绿色经济的一个重要要求。优化城市空间布局和形态功能，确定城市建设约束性指标。按照严控增量、盘活存量、优化结构的思路，逐步调整城市用地结构，把保护基本农田放在优先地位，保证生态用地，合理安排建设用地，推动城市集约发展。例如，北京应该按照人口规模的一个根本的制约因素，即水资源的承载力来调节城市规模和人口数量。按照北京水资源的承载力水平，北京人口的极限应是 2300 万人，2020 达到了 2114 万人，这还只是户籍人口。其实每年北京的常住人口非常多，但他们不会被统计在户籍人口当中，甚至有学者说，北京每天居住的人口甚至超过了 3000 万人，已大大突破了水资源能够承载的能力。基于此，北京公布了要进一步控制人口规模的目标。

3. 依托山水地貌优化城市形态和功能

依托山水地貌特征来优化城市形态和功能，实施绿色规划、绿色设计和施工标准。特别典型的是各个城市都在建摩天大楼，而摩天大楼都是千篇一律的玻璃幕墙。其实玻璃幕墙并不适合中国的气候，玻璃幕墙最初是在德国、法国这些国家推广的，这很符合它们国家的气候。这些国家处于欧洲中部和北半球偏北的地方，它们有典型的地中海区域的气候特征，冬天相对而言比较冷，夏天也不太热。这种气候条件特别适合玻璃幕墙，夏天不用开空调，所以整个玻璃幕墙的成本不太高；而冬天天气又比较冷，玻璃幕墙可以起到保温、吸收阳光、采光好的作用。但中国的夏天普遍高温，玻璃幕墙吸收了更多的热量，导致现在的建筑能耗非常高，需要大型的中央空调来给玻璃幕墙的建筑进行降温，所以玻璃幕墙不太符合中国城市的要求和形态。

4. 推动传统制造业的绿色清洁与改造

支持绿色清洁发展，推进传统制造业的绿色改造，建立起绿色低碳循环发展的产业体系，鼓励企业工业技术装备的更新，我们不仅仅要看到发展新兴的绿色产业，而且要将传统的制造业进行绿色化改造。绿色制造要求在保证产品的功能、质量的前提下，综合考虑环境影响和资源效率，通过开展技术创新及系统优化，将绿色设计、绿色技术和工艺、绿色生产、绿色管理、绿色供应链、绿色就业贯穿于产品全生命周期中，实现环境影响最小、资源能源利用率最高，获得经济效益、生态效益和社会效益协调优化。传统的制造业通常是高耗能的产业，既浪费大量资源，又造成了大量的环境污染，在此基础上要推动传统制造业的绿色清洁与改造，发展绿色金融，设立绿色发展基金。例如，发展绿色信贷，银行应对这些高能耗、高污染的企业设置一定的限制，如能耗过高、污染过严重的企业，银行就不贷款，用金融的手段来推动绿色发展。

《中国制造 2025》提出了构建绿色制造体系的一系列具体内容，绿色制造体系包括开发绿色产品、建设绿色工厂、发展绿色园区、打造绿色供应链、壮大绿色企业和强化绿色监管。自改革开放以来，中国制造业发展取得了举世瞩目的成就，我国已成为世界第一制造大国和第一货物贸易国。然而，“高投入、高消耗、高污染”的增长模式在较长时期内主导着工业发展，资源浪费、环境恶化、结构失衡等问题突出。当前，在经济新常态下，我国进入工业化后期，制造业仍有广阔的市场空间，同时也面临新工业革命以及工业 4.0 时代新一轮全球竞争的挑战。后国际金融危机时代，发达国家倡导“低碳发展”的理念，推动绿色经济发展。在这种大的国际国内背景下，我国在“十三五”时期大力发展绿色制造具有重大意义，不仅是新型工业化、推动中国制造由大转强的重要要求，而且是加快经济结构调整、转变发展方式的重要途径，同时也是应对全球低碳竞争的重要举措，是保障我国能源和资源安全的重要手段。

5. 培养公民自觉的环境保护意识

加强资源环境国情与生态价值观的教育，培养公民的环境意识，推动全社会形成绿色消费的自觉。习近平总书记在2013年5月中共中央政治局第六次集体学习时指出，要加强生态文明宣传教育，增强全民节约意识、环保意识、生态意识，营造爱护生态环境的良好风气。[①] 这一重要论述指出了生态文明宣传教育的重要意义、重点内容和目标要求，为加强生态文明宣传教育、推进生态文明建设指明了方向。近年来，我国生态文明宣传教育总体上取得了明显成效，但也存在一些问题，如一些地方和部门尚未形成自觉积极开展生态文明宣传教育的氛围，存在“说起来重要、干起来次要、忙

① 钱均鹏，徐荣梅. 习近平总书记系列重要讲话精神学习辅导读本 [M]. 北京：中国言实出版社，2014.

起来不要”的现象，工作不扎实、不到位。为解决这一问题，应突出重点，抓好落实，进一步加强生态文明宣传教育。笔者认为应着力增强三个意识：一是节约自然资源意识。通过生态文明宣传教育，让人们认识到很多资源是不可再生的，随着人口不断增长，加之存在浪费现象，石油紧张、矿物减少、淡水缺乏、粮食短缺等直接威胁人类长远发展，我们应增强节约资源意识，自觉养成节约一滴水、一粒粮、一度电的良好习惯。二是保护环境意识。通过生态文明宣传教育，让人们认识到片面追求经济增长、忽视环境保护必然导致环境灾难，如气候变暖、酸雨频发、土地荒漠化、海洋污染等，这将给人们的生命和财产带来巨大损失；引导人们树立保护生态环境就是保护生产力、改善生态环境就是发展生产力的理念，坚持走可持续发展道路。三是改善生态意识。通过生态文明宣传教育，让人们认识到掠夺式地向自然界索取，无节制地排放废弃物，自然界承受不了，必然带来生态危机，最终危及人类生存发展；引导人们深刻理解人与自然相互影响、相互作用、相互制约的关系，自觉形成尊重自然、热爱自然、人与自然和谐相处的生态价值观。

五、加快建设主体功能区

2011年发布的《全国主体功能区规划》按开发方式，将国土空间划分为优化开发区域、重点开发区域、限制开发区域和禁止开发区域。要加快建设主体功能区就要加大改革创新力度，积极完善各项相关政策。在推进经济结构战略性调整、促进城乡区域协调发展、引导产业发展布局、保障和改善民生、促进城乡区域基本公共服务均等化、强化节能减排和应对气候变化等工作中，都要按照主体功能区建设的需要，把相关政策区域化和具体化，充分发挥在实施主体功能区战略中的引领和带动作用。从各类主体功能区的功能定位和发展方向出发，把握不同区域的资源禀赋与发展特点，明确不同的政策方向和政策重点。对优化开发区域，要着力引导提升国际竞争力；对重点开发区域，要促进新型工业化城镇化进程；对限制开发区，要增强生态服务功能；对禁止开发区域，要加强监管。把投资支持等激励政策与空间管制等限制、禁止性措施相结合，明确支持、限制和禁止性政策措施，引导各类主体功能区把开发和保护更好地结合起来。通过激励性政策和管制性措施，引导各类区域按照主体功能定位谋发展，约束各地不合理的空间开发行为，切实把科学发展和加快转变经济发展方式的要求落到实处。推进主体功能区建设是一项系统工程，需要有关部门多方协作、相互配合、统筹推进。要按照《全国主体功能区规划》明确任务分工和要求，从发展改革部门的职能出发，突出政策方向和重点，注重把握政策边界，与其他部门配套政策相互支撑，形成政策合力，增强政策综合效应。要正确处理政府与市场的关系，充分发挥市场配置资源的基础性作用。要针对各类主体功能区的不同功能定位，确定不同的调控方向和调控重点，充分发挥政府投资等政策的导向作用，充分调动中央和地方、政府与社会的积极性，引导社会资金按照主体功能区的功能要求进行配置，逐步完善国土空间科学开发的利益导向机制。

加快建设主体功能区，国家虽然已经推动了很多年，但地方的落实还存在很大的差距。要发挥主体功能区作为国土空间开发保护的基础作用，落实主体功能区规划，完善政策，发布全国主体功能区规划图和农产品主产区以及重点生态功能区的目录，推动各地依据主体功能区的定位发展，以主体功能区为基础，统筹各种空间性规划，推进多规合一。

多规合一是指将原来的城市规划、土地利用规划以及环境规划等一系列的相关规划合理地结合起来，因为原来各个规划各管各的事，有的指定这个土地是建设用地，有的指定这个土地是环保用地，所以就会经常出现规划之间“打架”，甚至很多规划从来没有实施过。要想将这些规划合成一个合理的规划，这就需要有绿色发展进行统筹，用绿色发展的理念将它落到实处。

推动京津冀、长三角、珠三角地区，优化开发区域产业结构向高端、高效发展，防止城市病，逐年减少建设用地的增量。减少建设用地的增量这一点是非常重要且必要的，由于现在很多地方已经面临着土地“瓶颈”，如长三角的一个县级市，700 平方千米的土地，开发强度达到 28%；浙江省平均的水平达到 15.5%，它所在的地级市是 25%。而一般发达国家的土地开发强度都不超过 15%。经过科学的统计，如果一个地方的土地开发强度超过了 30%，那这个地方基本就无法居住了，人与自然难以和谐相处。按照规划，当地到 2020 年可新增的建设用地只有 6 万亩，截至 2015 年已用掉 4 万亩，这就意味着在“十三五”规划这几年当中，当地每年只有 3000 亩的新增建设用地可用，所以，这是一个很严峻的指标。

要推动重点开发区域提高产业和人口的聚集度。有些地方要合理布局产业和人口，现在各个地方的工业园区都在招商引资，但引进来的企业不一定符合当地的发展及产业链的需要。例如，引进来一个钢厂，但当地没有铁矿石的供应，不能进口或无法自己开采，那钢厂就难以为继。所以，要推动重点开发区域的产业和人口的聚集，应将经济发展的主要重点放在重点开发区域上，而重点生态功能区域要实行产业准入负面清单，高能耗、高污染的企业绝对不能进入重点生态功能区。

加大对农产品主产区以及重点生态功能区的转移支付力度，这就需要国家统筹考虑，对它们进行转移支付。这也正是习近平总书记讲的“绿水青山就是金山银山”，只有守好了绿水青山，才能够获得金山银山。所以，要强化激励性补偿，建立横向性和流域性的生态补偿机制，整合建立一整批的国家公园。国家公园的一个最重要核心是既能够保护自然环境，又能够实现经济效益。美国是国家公园最早的提出国，美国的黄石公园每年的收益就非常大，不仅吸引了大批的游客，而且能够保护好自然环境。我国地大物博，自然景观和人文景观遍布全国，且各具特点，具有发展国家公园的丰富资源。因此，我们要充分利用景观资源，整合、统筹、着力建设一批国家公园。同时，要维护生物多样性，实施濒临野生动物抢救性的保护工程，建设救护繁育中心以及基因库。强化野生动植物进出口管理，严防外来物种的入侵，严厉打击象牙等野生动物制品的非法交易。

六、推动低碳循环发展

“十三五”规划提出发展低碳经济要推进能源革命，要加快能源技术创新，建设清洁低碳、安全高效的现代能源体系，要提高非化石能源的使用比例，要推动煤炭等化石燃料的清洁高效使用，加快发展风能、太阳能、生物质能、水能、地热能，安全发展高效的核能，加强储电、智能电网的建设，充分发展分布式能源，推行节能低碳电力调度，有序开放开采权，形成天然气、煤层气、页岩气积极开发的态势，改革能源体制，形成有效的市场竞争。要推动整个的能源改革，包括对于能源战略上而言，中国一定要有清晰的认识。①

（一）推进交通运输业的低碳发展

绿色交通是21世纪以来世界各国城市交通发展的主要潮流，步行、自行车、公共交通在占用交通面积、耗能和废气排放方面比私人小汽车具有明显的优势，是发展城市绿色交通、建设节约型交通体系的有效方式。推进交通运输的低碳发展，优先就是要进行公共交通的绿色低碳发展，加强轨道交通建设，鼓励自行车等绿色出行。现在小汽车带来的污染也非常严重，要实施新能源汽车的推广计划，提高电动车的产业化水平，提高建筑节能标准，推广绿色建筑和建材。绿色循环低碳交通适用于铁路、公路、水路、民航和邮政等领域，在保障实现国务院确定的单位GDP碳排放目标的前提下，全行业绿色循环低碳发展意识明显增强，运行体系机制更加完善，科技创新驱动能力明显提高，监管水平明显提升，行业能源和资源利用效率明显提升，控制温室气体排放取得明显成效，适应气候变化能力明显增强，生态保护得到全面落实，环境污染得到有效控制，基本建成了绿色循环低碳交通运输体系。

① 杨雪星．中国绿色经济竞争力研究 [D]. 福州：福建师范大学，2016.

（二）加强对高能耗产业的管控

高耗能是指在生产过程中耗费大量的能源，如煤、电、油、水、天然气等。其主要涉及电解铜、电解铝、石油加工、炼焦、化工、铜冶炼、铁台金、电石、烧碱、水泥、钢铁、黄磷、锌冶炼13个高耗能行业。高能耗产业一方面过度消费了资源，另一方面给环境造成了比较大的污染。要主动控制碳排放，加强高能耗产业的管控，有效控制电力、钢铁、建材、化工等重点行业的碳排放，支持优化开发区域，实现碳排放峰值的目标，实施近零碳排放区域的示范工作。国家发改委发布的2017年上半年主要高耗能行业运行情况显示：上半年，全国粗钢产量41975万吨，同比增长4.6%，去年同期下降1.1%；全国10种有色金属产量2760万吨，同比增长7.2%，增速同比提高7.1个百分点；化工行业增加值同比增长4.5%，增速同比回落4.7个百分点；全国水泥产量111309万吨，同比增长0.4%，增速同比回落2.8个百分点。2017上半年的数据说明，针对高能耗产业的管控取得了一定的成绩，但是我国面临的环境问题仍然比较严重，还需要继续加强管控。

（三）推行企业循环式生产与改造

中国要实施循环发展引领计划，要推行企业循环式的生产和产业循环式的组合、园区循环式的改造，要减少单位产出的物质消耗，加强生活垃圾分类回收和再生资源回收的衔接。其中，垃圾回收制度是一个非常重要的制度，需要我们进一步的推广，推进生产系统和生活系统的循环链接。

国家发改委2016年公布的《循环发展引领计划》指出，要初步形成绿色循环低碳产业体系，实现企业循环式生产、产业循环式组合、园区循环式改造。全面推行循环型生产方式，单位产出物质消耗、废物排放明显减少，循环发展对污染防控的作用明显增强。同时，还要基本建立城镇循环发展体系，构建新的资源战略保障体系，形成绿色生活方式等。其中，企业循环式生产包括推行产品生态设计，选择重点产品开展“设计机构＋应用企业＋处置企业”协同试点；推广3R（减量化、再利用、再循环）生产法，发布重点行业循环型企业评价体系。产业循环式组合方面包括推动行业间循环链接，组织实施产业绿色融合专项，在冶金、化工、石化、建材等流程制造业间开展横向链接；建立跨行业的循环经济产业链。园区循环式改造包括新设园区和拟升级园区要制定循环经济发展专项规划，或按产业链、价值链“两链集聚项目；存量园区实施改造，实现企业、产业间的循环链接，增强能源资源等物质流管理和环境管理的精细化程度等。

七、全面节约和高效利用资源

观念决定行动，行动决定出路，所以要建立起节约集约循环利用的资源观，强化约束性指标的管理，实施能源和水资源的消耗、建设用地等总量的强度与总量的双控。

除了国家的政策支持和引导以外，普通民众的节水、节能意识对绿色经济发展也非常重要，应实施全民节能计划，提高节能、节水、节地、节材、节矿标准，开展能效、水效领跑者引领行动。我们要严控水资源总量，国家应提出实行最严格的水资源管理制度，以水定产、以水定城，建设节水型社会，合理制定水价，编制节水规划，实行雨洪资源的利用、再生水利用、海水淡化工程。国家非常重视水资源管理，如建设国家地下水监测系统，开展地下水超采区的综合治理。

此外，建立健全用能权、用水权、排污权、碳排放权的初始分配，创造有偿使用、预算管理、投融资机制，培育和发展交易市场，推进合同能源管理和合同节水管理。用市场化的手段来推进环境保护与资源保护是非常重要的一个要素。欧盟从 2013 年起，尝试让部分企业通过拍卖的方式购买和转让碳排放权，因为它建立了一整套的二氧化碳排放权的市场，每次要把排放权分配给企业，采用的是有偿拍卖方法。欧盟政府每年从这项拍卖当中收取的中介费就有 26 亿欧元。

土地资源、能源、污染物排放成为现在主要的约束性指标。鉴于此，地方政府也提出了应对之策来面对土地资源、能源、污染物的约束，用企业对一些评价指标进行排序，这些指标有亩均的税收（反映土地的情况）、亩均的销售收入、亩均的工业增加值，这三个指标都反映了土地的利用效率。另外，还有单位能耗的工业增加值，其反映了能源消耗：单位每吨的化学需氧量（Chemical Oxygen Demand，COD）的工业增加值反映了污染物的排放；全人类劳动生产力反映了劳动力要素的素质。根据这些排序，将企业分成三大类，一类比较好的，二类是中等的，三类是比较差的。比较好的企业会拥有一些政策倾向，如给土地、比较优惠的城镇土地使用税、比较优惠的电价、比较优惠的用能价格、比较优惠的污水处理收费价格、排污权的市场使用价格。地方政府还可以建设一整套交易市场，针对那些的确做得比较差的企业，要提高用地的水平，可以出售一些工业用地；如能耗水平比较低，可以将新增的用能权出售；如排污，结余下的排污权也可以出售，这样就可以将资源和环保要素盘活。通过这种方式，可以大幅度地倒逼企业进行资源环境的保护与建设。

此外，要倡导合理消费，抵制四风，力戒奢侈消费，制止奢靡之风。在生产、流通、仓储、消费等环节要全面落实节约。要管住公款消费，深度开展反对过度包装，反对食品浪费。全社会贯彻绿色消费理念，推动形成勤俭节约的社会风尚。

八、加大环境治理的力度

通过加大环境治理力度来实现绿色发展。要推进多污染物的综合防治和环境治理，实行联防联控和流域共治，要深入实施大气、水、土壤、污染物的防治行动计划，要实施工业污染源全面达标计划，实现城镇生活污水、垃圾处理设施全覆盖和稳定运行，扩大污染物总量的控制范围，将细颗粒物等环境质量指标加入约束性指标。关于污染物总量控制，“十二五”规划时要求的是三大指标——二氧化硫、化学需氧量、氨氮和氮氧化物；“十三五”规划中把 PM2.5、PM10 的细颗粒物作为环境质量指标加入约束性指标，与中国的具体实际相结合，充分考虑到老百姓资源环境的生存要求和中国国情，与时俱进。

同时，要坚持城乡环境治理并重，特别强调要加强农业污染的防治制度，统筹农村饮水安全、改水改厕、垃圾处理，推进种养殖业的废弃物资源的循环化、资源化、无害化的利用，这也是一个很重要的方面。在农村，关于环境污染，一个最重要的方面就是传统的农耕方式中对于种植垃圾的处理，即秸秆焚烧。传统的农民习惯于将没有用的秸秆直接在土地上进行焚烧，他们认为这种方式既省事又省力，而且是从祖辈就传下来的方式，并没有觉得有任何不妥。但从环境保护的角度来考虑，这种污染是现下我们应该予以制止的。在农村，基层干部应该通过画报宣传、田间地头与农户进行交流来向他们传递知识。同时，要普及广大农民群众的环保意识，培养他们的生态环境价值观，只有从内心和思想上形成自觉主动的环境保护意识，才能真正改变传统的生产方式，发展现代绿色农业。

此外，还有一个重要的领域是改革环境治理的基础，建立覆盖所有固定污染源的企业排放许可制度，实行省级以下环保机构，监测监察执法制度，垂直管理制度。这主要是指省级环保部门直接管理市、地、县的监察监测机构，市地环保局实行以省级环保厅（局）为主的双重管理体制（县级环保局不再单设，而是作为市地环保局的一个派出机构），这是对我国环保体制的一个重要改革，有利于环境执法的统一性、权威性、有效性。而且，要建立全国统一的实时在线的环境监控体系，现在面临的一个问题是环境数据不统一、不一致，这需要通过统一的实时在线的环境监控系统，建立健全环境信息公开发布制度，让老百姓能够得到环境的数据，探索建立跨地区环保机构，开展环保督查巡视，严格环保执法。所以，新颁布的《中华人民共和国环境保护法》被称为史上最严的环保法，也是为了要体现出这些作用。

九、筑牢生态安全屏障

首先，要坚持保护优先，自然恢复为主，实施山、水、林、田、湖生态保护和修复工程，构建生态廊道和生物多样性保护网络，全面提升森林、湖泊、湿地、草原、海洋等自然系统稳定性和生态服务的功能性。管制用途和修复生态都必须遵循自然规律，这是很重要的一个因素

其次，要开展大规模的国土绿化行动，加强林业重点工程建设，完善天然林保护制度，全面停止天然林的商业性采伐，增加森林面积和蓄积量，发挥国有林场和林区在绿化国土中的带动作用，要扩大退耕还林、还草，加强草原保护，严禁移植天然大树进城。现在有些城市中的绿化非常快，绿色提升率非常大，但很多是将其他地区的大树移进城，大树移植后很难存活，而且又破坏了大树原先所在的生态环境。同时，要创新产权模式，引入各方资金投入植树造林当中。

第五章　经济管理理论

经济管理与我们的生活密切相关。探析经济管理的前沿理论，厘清经济管理的相关内容，为我们更清晰地了解经济管理奠定良好的基础。本章重点论述不同的经济管理理论的观点、经济管理思想的演变、经济管理的性质与原则、经济管理的原则与方法、经济管理的效益与评价这几方面的内容。

第一节　管理理论

一、核心能力理论

（一）核心能力的构成要素

企业的核心能力所包含的内容既丰富又复杂，所涉及的内容较为广泛，主要包括以下三个方面。

1. 研究与开发能力

应用研究是为了获得新知识而进行的创造性研究，它主要针对某一特定的实际应用目的，可以连接基础研究和技术开发。技术开发是指利用从研究与实际经验中获得的现有知识或从外部引进的技术与知识，为生产新的材料、产品，建立新的工艺系统而进行实质性的改进工作。

2. 创新能力

社会在不断的进步中，企业想要保持发展与竞争的优势，就需要不断创新。创新就是根据市场变化，在企业原有的基础上，不断优化资源配置，重新整合人才，寻找不足之处，不断改进，以更加贴合市场需求，进而实现企业的初级目标，使企业的产品、技术、管理不断创新。企业创新的主体是生产一线的管理层、技术层、中间管理层。

创新能力是指创新主体在生产经营活动中，善于敏锐地察觉旧事物的缺陷，准确地捕捉新事物的萌芽，提出相关的推测与设想，再进行进一步的论证，并准确地实施。创新能力与创新主体的知识素养、思想意识、心理特点以及社会环境具有紧密的联系。

3. 转换能力

将创新意识与创新技术转换为可实行的工作方案或者产品，创新研究与开发才是有价值的。转换能力作为企业技术能力管理的重要因素，转换的过程也就是创新的进一步深化。创新只有转换为实际效益才是真正意义上的创新。转换能力在实际应用中的技能表现，如下所示。

第一，综合。将各种技术、方法等综合起来，形成一个可实施的综合方案。

第二，移植。将其他领域的方法移植到本企业的管理与技术创新中。

第三，改造。对现有的技术、方法、设备进行改造。

第四，重组。对现有的方法、过程、技巧，根据企业的现实情况以及社会的需求，进行重新改造，不断优化。

由于客观世界无时无刻不在发生变化，企业的决策者需要根据这些变化来做出及时的判断，还需要有敏锐的感应能力，这样才可以根据各种客观条件的变化做出适当的调整。

（二）核心能力的基本特征

1. 技术经济性

企业核心能力既包括技术因素又包括经济因素。单纯的发明创造只是停留在技术性的层面上，只有将发明创造应用于生产，转化为现实生产力，产出一定的经济效益或者社会效益，这才是企业的技术能力。

2. 非均衡性

承认核心能力的渐进性，并不否定其革命性。创新和研发能力是核心能力的本质体现，而创新和研发过程是充满风险和不确定性的。在这一过程中既有继承性的技术渐进发展，又有突变性的技术革命。正是这种革命性才使企业的竞争既充满成功的机遇与希望，又具有失败的压力与风险，正是这种革命性推动着经济的发展和飞跃。

3. 整体性

不能只是依靠一种能力或者一项技术就来判断企业的实力，而应兼顾企业的技术水平、设计能力、生产能力、经济实力等综合能力的表现。不只是技术因素，它还与企业的文化建设、员工的知识素养等非技术因素有关系。换句话说，核心能力就是企业的综合能力。核心能力一旦形成，竞争对手在短时间之内是很难模仿的。

4. 动态性

企业的核心能力并不是一成不变的，需要根据时代的发展要求，不断强化自己的核心能力，企业的核心能力若只是固守在一个阶段或者是依靠一种技术，那么它的优势也会随着时间慢慢丧失。只有与时代的发展相一致，与科技的进步相一致，才可以保持企业的优势。

5．渐进性

一些非关键性技术或者通用技术是可以在市场通过购买获得的，企业的技术能力是无法通过金钱购买的。企业的核心技术也不会在一朝一夕就能形成，而是长时间的知识技术的积累与经验的获得。

（三）影响核心能力形成的要素

①企业文化与企业的凝聚力。

②企业决策者的素质与能力，企业员工的知识素养。

③企业的经济资本。

④企业创新机制。

⑤企业的技术力量。

（四）核心能力评价

核心能力作为企业综合素质的重要体现，会根据企业的性质不同，制定的衡量标准也不相同。因此，想要全面评价企业的核心能力，并不容易。只能说做到相对的客观与公正，结合定量与定性这两方面的评价标准，力求公正、客观、科学地评价企业的核心能力，主要指标如下所示。

①企业专利成果发明数量。该指标主要反映企业研究开发能力的效果和科技水平领先程度，也综合说明了企业技术能力的强弱。

②企业拥有的核心的科技员工的数量。作为企业科技力量的体现，所拥有的科技员工越多，就说明企业的科技力量越强大。

③企业产品占有市场份额的多少。该指标反映了企业产品的市场渗透能力。

④企业在消费者中的满意度。消费者作为企业经济效益的直接决定者，消费者满意，就会为企业带来更多的利益。

⑤企业产品的相关技术的更新速度。作为企业的核心竞争力，更新的速度越快，产品与技术的竞争力也就越大。

⑥企业适应市场的能力。市场消费需求变化日新月异，企业必须要有适应市场的能力，这样才能及时推出适合的产品。

⑦企业要有与自己技术相关的衍生产品。

通过对上述因素的分析，核心竞争理论是管理理论中的重要组成部分，在选择哪些因素可以成为核心竞争力的同时，还需要关注核心竞争力的创新研究。想要培养核心竞争力，就需要重视产业的预判能力。企业需要根据员工的需求、社会的发展趋势以及技术的更新方向，合理地构想出市场对未来企业的需求与定位，培养出新的核心竞争力，使企业拥有竞争的优势，不被时代所抛弃。

二、知识管理理论

（一）知识管理概述

1. 知识管理的定义

知识管理简单地说就是以知识为核心的管理。具体讲就是通过确认和利用已有的和获取的知识资产，对各种知识进行的连续的管理过程，以满足现有和未来的开拓新市场机会的需要。知识管理的出发点是把知识视为最重要的资源，把最大限度地掌握和利用知识作为提高企业竞争力的关键。

2. 知识管理涉及的方面

知识管理要求员工可以分享他们所拥有的知识，并且对可以做到的员工给予鼓励。知识管理主要涉及以下几方面。

①技术方面。

②过程方面。

③员工方面。

④组织结构与企业文化方面。

⑤评价方面。

（1）外化

外化首先包括一个强大的搜索、过滤与集成工具，从组织的外部知识与内部知识中捕获对企业现在和未来发展有用的各种知识。其次是外部贮藏库，它把搜索工具搜索到的知识根据分类框架或标准来组织它们并存储起来。再次是一个文件管理系统，它对贮存的知识进行分类，并能识别出各信息资源之间的相似之处。基于此，可用聚类的方法找出公司知识库中各知识结构间隐含的关系或联系。最后外化的作用是通过内化或中介使知识寻求者能够得到所捕获搜集到的知识。

（2）内化

内化知识通过各种各样的方法发现与特定消费者的需求相关的知识结构。在内化的过程中，需要对知识进行过滤，来进一步确定相关的知识，并将这些知识传递给需要的人。

内化可以帮助研究者就特定的问题进行沟通。在内化的高端应用软件中，提取的知识可以最适合的方式来进行重新布局或呈现。文本可以被简化为关键数据元素，并以一系列图表或原始来源的摘要方式呈现出来，以此来节约知识使用者的时间，提高使用知识的效率。

（3）中介

内化的过程注重明确、固定的知识传送。中介就是把一些知识编码存储于知识库中，将知识寻求者与最佳知识源相匹配。通过对个体的深度挖掘，中介可以将需要研究特定课题的人或者与之相关的人聚集在一起。

（4）认知

认知是上述三项职能交换之后得出的知识的运用，也是知识管理的最终目标。现有技术水平很少能实现认知过程的自动化，大部分都是专家系统或利用人工知识智能技术，并据此做出的决策。

（三）知识经济时代企业管理的模式

企业想要在知识经济时代站稳脚跟，就需要适应知识经济时代的发展，制定合理的企业管理模式，注重在管理上的创新，主要体现在以下几个方面。

①注重知识的作用，实现智力资本的管理。

②重视全球化的作用，增强现代意识管理。

③重视竞争的作用，实现人才的激励管理。

③注重生态意识，实现生态营销。

⑤注重技术的更新与升级。

三、人本管理理论

（一）人本管理的内涵

人本管理是管理学中的重要组成部分，这项理论的提出已经有一段时间，只是尚未形成统一的认识。不管是中国的古代文化，还是西方的各个管理学派，对于人本管理的认识都是各执一词，但是他们的观点对人本管理的发展具有重要的影响，不断丰富着人本管理的内涵。

（二）人本管理模式

1．生涯管理模式

作为人力资源管理内容的生涯管理，向人们昭示体现真正意义的人本管理模式的出现。生涯管理可以从两个方面去理解。从组织层面，可以理解为：企业从组织目标和员工能力、兴趣出发，与员工共同制订和实施的一个符合企业组织需要的个人成长与发展计划（此时多称为生涯管理）；从个人层面，可以理解为：员工为寻求个人的发展，而与组织共同制订和实施的既使个人得到充分发展又能使企业组织目标得到实现的个人发展计划。生涯管理是在人类社会发展到一定阶段出现的一种全新的管理理念和管理模式。

第一，它是劳动者工作动机高层化与多样化的结果。由于社会经济的不断进步，人们的收入水平也有所提升，获取经济收入只是人们参与就业的目标之一。人们在参与生产劳动的过程中，同样希望丰富自己的社会经验，增加社会交往，提升自己的社会地位。他们也希望获得更多的权利，参与到管理的过程中，有更多的机会展示自己，提升自己。

第二，脑力劳动逐渐取代体力劳动，传统的过程管理模式已经不再适用于现代的经济发展，管理的效果也并不能使大多数人满意，生涯管理的方式更符合现代企业的要求。

第三，在市场经济条件下，企业的竞争压力越来越大。适应市场经济变化，更新产品的功能与品牌形象，需要企业员工能力的进一步加强，还需要企业优化员工的配置。

第四，员工希望组织可以照顾到个人的素质和兴趣特点甚至系统的素质开发与配置，为自己以后的成长与发展奠定良好的基础，这样才有可能实现人的多重发展。

传统的人事管理必须要做出一定的改变才可以适应社会的发展要求。生涯管理消除了传统人事管理的弊端。将人力资源的各项内容有机地整合在一起，使人员配置得到进一步优化，从而调动员工的积极性。生涯管理这种模式可以说是人本管理最好的体现模式。

2. 能本管理模式

管理理念是支撑组织发展的核心文化精神，是组织文化的深层价值。能本管理的理念是以能力为本的。具体来说，现代形态的文化价值观，应建立在能力价值观的基础之上，要以能力价值观为主导来支撑和统摄其他价值观（如利益、效率、个性、主体性、自由、平等、民主、创新等）；而且当“权位”“人情”“关系”“金钱”“年资”“门第”同“能力”发生冲突时，应让位于能力；在市场经济、知识经济和现代化建设条件下，人生的一切追求、一切活动应围绕如何充分正确发挥人的能力旋转；人要依靠能力来改变环境，依靠能力立足，并实现个人价值，依靠能力来为社会而工作；在对组织和成员的行为表现进行评定和奖惩时，应首先看其能力发挥及其为社会做出贡献的状况。

能本管理对组织与成员之间关系的要求是，组织既要引导成员通过努力来实现自身的价值，还要发挥成员的优势，为组织、国家、社会做出贡献，进一步实现个人的价值。同时也要求组织为每一名成员营造良好的环境，提供相对公平的机会，引导成员将个人目标与组织目标联系在一起，使组织与成员成为共同体，将组织的发展与个人的发展联系在一起，实现组织与个人的共同发展。

努力消除维持型组织，建立一个创造型组织，逐步实现文化创新、制度创新、组织创新和技术创新；努力消除经验型组织，建立一个学习型组织，即从组织结构、形态和制度设计到组织成员的理念、价值观、态度、心理、思维和行为，都应具有强烈的自我组织、自我调整、自我发展和自我完善的能力，使成员具有主动地驾驭组织的目标和任务，并能适应外部环境变化的意识和能力，而这些能力形成的一个重要途径，就是组织对其成员的教育和培训，使成员在组织中能得到“终身学习”和“持续培训”。因此，组织应建立科学的教育培训体系，加大教育培训的力度；还要逐渐消除形式型组织，建立一个实效型组织，使组织注重实效，反对形式主义，力图增强组织的实力和活力。

能本管理对组织成员的要求是，进一步挖掘成员的潜能，优化人员配置，使成员的才能得到进一步的发挥与展现。成员可以通过不断地学习来提升自己的能力，通过取得的成绩来证明自己的努力。

能本管理在用人制度上，尽量避免根据领导的喜好或者是人情关系来选拔人才。选拔人才的标准应建立在公正、公平、公开的原则上，将合适的人放在合适的岗位上才是最重要的。

四、再造理论

（一）再造理论的特点

①向基本信念挑战。

②彻底性。

③大跃进式的发展。

④从业务流程着手。

（二）企业再造

1．企业再造的核心领域——业务流程

企业再造的核心领域是业务流程，企业再造的关键技术就是重整业务流程。业务流程是企业为满足顾客需求，通过输入各种原料，以创造出符合顾客需求的产品或服务的一系列活动。在业务流程再造前，企业首先应深入分析原有的业务流程，发现其中的不足之处。其次，分析和论证业务流程的重要性、问题的严重性以及再造的可行性，以便安排业务流程再造的顺序。由于企业资源有限，不能对所有业务流程进行改造。因此，一般优先选择对顾客利益影响最大的流程进行再造，如影响产品特色、交货期限和产品成本的流程。

2．业务流程改造的策略

业务流程改造的基本原则是：执行流程时，插手的人越少越好；顾客了解流程时，越简便越好。依据这一基本原则，企业的业务流程改造可采取以下策略。

①合并工序。企业可利用相关技术，将原有的被分割成许多工序的流程按其自然形态合并起来，以提高效率。

②共享信息。可将业务流程中一些完成工序的人员结成团队，共同完成流程改造，团队之间能共享信息，减少工序交接的问题。

③同步流程。将原有的平行式流程和连续式流程转变为同步流程。平行式流程是指划分流程中的所有工序，所有工序同时独立进行，最后将各个工序的部件进行汇总。连续式流程是指按照流程顺序完成工序，流程中的后一道工序要在前一道工序完成的情况下进行。平行式流程和连续式流程的缺点是运转速度慢，流程周期长。同步流程是指多道工序同时进行，各道工序之间可以随时沟通。企业实施同步流程能提高运转速度，缩短运行周期，有效提高流程运转的效率。

3．业务流程改造之后的优势

①没有装配线。改造后的流程将原本被分割的工序重新组合回去或者将几道工序压缩成一道工序。在新流程中，由服务专员或团队专门解决顾客的问题和需求。通过压缩平行的工序，装配线自然消失了，同时减少了监督工作，也精简了工作人员。

②提高员工的决策权。新流程压缩了工序，组成了工作团队，垂直的等级制被压缩，减少了以往需要层层上报的程序，员工拥有一定的自我决策权。

③提高工作效率。在新流程中，几乎所有的工序都可以通过信息处理系统同时进行，以缩短运行周期，有效提高工作效率。

④多样化服务。传统业务流程主要遵循标准化生产理念，以不变应万变，所有问题都以同一种模式来处理，整个业务流程刻板僵化。改造后的业务流程具有灵活应变的能力，提供多样化的服务方式。

⑤超越界限。传统业务流程中，组织内部之间和组织与外部之间有一条行为、权利的界限。改造后的业务流程可提高流程运转的效率，可超越界限行事。

⑥减少审核与监督。在传统业务流程中，许多工序被分割，需要将分割的工序进行审核和监督后重新组合。改造后的流程合并了一定的工序，减少了连接点，也就减少了审核与监督，在一定程度上避免了组织中的冲突。

⑦企业享有集权与分权的好处。通过改造业务流程，能克服传统流程管理中集权与放权的弊端。新流程管理的主要思想是放权，建立自我管理的工作团队。在新流程中，企业能通过现代信息技术实时掌握各工序的运行情况，节约了审核与监督的成本。

（三）企业再造的同步工程

企业再造需要同步工程的应用，在企业进行整合业务流程的过程中，也需要整合企业的相关内容，主要内容如下。

①重新整合企业价值观。

②重新设计工作方式。

③重新设计考评体系。

五、学习型组织

（一）组织成员拥有一个共同愿景

共同愿景作为组织成员的共同的愿望，是建立在客观事实的基础之上，对未来的合理规划。它是每一个员工的个人愿景又高于个人愿景，共同愿景将不同的员工聚集在一起，为了共同的目标而努力。

（二）组织由多个创造型团体组成

在学习型组织中，团体作为最基本的学习单位，也是最具创造力的单位。组织是由多个创造型团队所组成的，组织中的所有目标也是直接或者间接通过团队来实现的。

（三）“地方为主”的扁平式结构

学习型组织最大的特点就是尽自己最大的努力，将决策权下放到离公司管理层最远的地方，倡导决策权向组织结构的下层移动，可以让公司最底层的员工拥有一定的决定权，有了权利，也要对自己的权利与决定负责。这样的思想组织结构趋近于扁平化。

（四）组织的边界将被重新界定

学习型组织的边界建立在组织要素与外部环境要素的互动关系之上，可以超越根据职能或者是部门划分的规定边界。因此，组织的边界会被重新界定。

（五）员工家庭生活与事业发展的平衡

学习型组织注重员工家庭生活与事业发展的平衡。支持员工可以充分自由地发展，员工也需要承诺组织认真工作。这样一来，组织与个人之间的界限将会变得模糊，家庭与事业之间的界限也就没有那么明确，很容易达到家庭生活与事业之间的平衡。

（六）领导者的新角色

在学习型组织中，领导者的角色又有了新的定位，设计师、仆人、教师。在学习型组织中，需要领导者对组织的整体要素进行整合与优化，不仅仅是要设计组织的结构、组织策略，还要设计组织的发展理念。

之所以将领导者定位为仆人，是因为领导者想要实现组织愿景，需要对组织的真实情况有所认识，准确地了解下属的真实情况，这样才可以促进每一个人学习。

学习型组织是通过组织成员与整个组织的持续学习而建立的，持续学习是组织持续发展的精神基础。它会贯穿整个学习的过程，还需要在企业再造成功之后，继续深入学习。想要做到这一点就需要营造一种有利于学习的氛围，鼓励员工为企业的长远发展多做贡献。

六、管理创新理论

（一）管理创新的内容

1．社会整体目标创新

知识经济下要求企业管理在追求自身的目标的同时，还需要与整个社会的发展目标相联系。不仅仅要让顾客满意、员工满意、投资者满意，还要达到使社会满意，这就是全方位满意的管理原则，以丰富社会整体目标。

2．精神激励创新

在传统的工业经济管理中，领导者注重物质激励，对于精神激励并不重视。根据马斯洛的需求层次理论，领导者更应注重人的精神需求。现代企业也不应该再满足于表扬、奖赏等传统的精神奖励，而应该创新精神奖励，赋予员工更多的责任与权利，使员工认识到自己的责任，充分调动自身的主动性与创造性。除此之外，还要重视精神奖励的及时性。

3．组织文化建设创新

传统的工业管理最为重视规章制度等管理，现代知识经济管理重视组织文化管理。企业文化建设已经成为企业建设中的重要组成部分，实现组织文化管理，在知识经济时代下，不管是企业内部还是企业外部原有竞争者将普遍联合，选择合作机制，在一种和谐的文化氛围中共同开拓与培育市场。

4．知识管理目标创新

将信息与人，信息与过程，信息与信息联系在一起，实现大量的创新。通过将信息与人的认知能力结合在一起，进一步产生知识，运用信息创造知识，实现知识管理的目标。

5．集体知识共事和技术创新

知识经济中员工的重要性不仅仅取决于他以前的知识掌握情况，更在于他不断学习，不断创新知识，将新的知识运用到实际中。培养员工这种潜力，实现员工之间的共享与集体拥有知识，作为企业竞争的核心所在，可以满足知识经济管理的要求。

（二）管理创新的空间

1．企业外部环境的变动导致管理创新空间的存在

企业作为市场活动的主体，在进行市场经济活动的过程中，不可避免地会与外界的企业发生联系，甚至还会影响企业内部的资源交换与配置。同时，对原来企业的运行方式产生影响。对企业外部影响较大的因素主要有以下几种。

①市场结构的变动。

②经济周期性波动。

③政府、竞争对手及消费者。

④制度变迁和政策效应的影响。

2．企业内部资源配置的复杂性导致管理创新空间的存在

随着社会的发展，市场完善需求的复杂化，企业内部资源配置呈现复杂与简单两种趋势。

一方面，科学技术的进步，大规模自动化设备的产生，致使产品生产规模化、简单化，对员工的操作要求并不高。

另一方面，面对市场需求的复杂性，企业只有开拓管理创新空间才可以实现销售产品的目的，才可以实现市场销售观念的转变，具体从以下几个方面得到论证。

首先，区分好作为管理对象的人与管理主体的人。企业中的人，是重要的资源要素，人既是管理主体也是管理对象。人的劳动成果只有在投入资源配置的过程中与大生产的要素相结合，才可以创造出应有的价值。分工协作作为工业化提高劳动生产效率的重要手段，因为分工不同，在最终产品中难以确定每一个劳动者的劳动贡献，很容易出现在生产过程中员工搭便车的行为。

其次，技术的进步速度加大了学习的难度。技术进步既是企业资源配置的内在变量又是一个外在变量。技术的进步速度日新月异，技术越先进，企业的竞争优势也就越大。企业在追求利益最大化的同时，也要追求最经济的方式，节约企业的成本，追求技术创新。

最后，深化资源配置对象的发展。伴随着经济的不断发展，企业的可利用资源也在不断深化，原来不被人们重视的材料，可能成为企业生产的重要资源。

（三）管理新行为与范式

动机与运行激励作为主要的内在因素，在管理创新理论中占据重要的地位。动机就是产生某种行为的内在动力，包括心理需求与满足感。管理创新需求作为管理创新主体对某种创新目标实现的欲望，也就是管理创新主体希望自己的创新能力可以得到体现。

从一定程度上讲，创新管理需求是人的最高层次的需求。由创新管理需求产生的创新管理行动可以协调组织行为，提高活动的效率。它们之间可以平行进行，也可以交叉进行。因为不管采用哪一种模式，都是为了实现管理创新主体所设定的目标。管理创新行为没有固定的模式，但是有基本原则与规律即范式，主要包括管理创新的原则、管理创新的边界条件以及管理创新的基本模式三个部分。管理创新原则是管理创新的基准与出发点；管理创新的边界则给定了一个具体管理行为的可行域、管理创新目标的达成域；而管理创新模式则是管理创新本身的一个系统流程。实际上不管是普通的员工还是领导者，在考虑进行创新时都需要考量以上三点，要不然只能停留在口头也不能落实到行动中。

七、市场供应链管理

（一）供应链管理概念

供应链管理是指对整个供应链系统进行计划、协调操作、控制和优化的各种活动和过程，其目标是要将顾客所需的正确的产品能够在正确的时间、按照正确的数量、正确的质量和正确的状态送到正确的地点，即“6R”，并使总成本最小。

（二）供应链管理的基本思想

与传统的企业管理相比，现代供应链管理体现了以下几个基本思想。

①系统观念。

②共同目标。

③主动积极的管理。

④采取新型的企业与企业关系。

⑤开发核心竞争能力。

（三）供应链管理过程

供应链管理的过程主要分为四个阶段。

①竞争环境分析。准确识别企业供应链所面对的市场特征，掌握第一手的资料。

②企业现有供应链诊断。采用合适的方法与技术进行供应链分析。

③供应链的开发与设计。通过供应链诊断找出对顾客满意度有影响的因素，重新进行供应链的开发与设计。

④供应链改进方案的实施。形成供应链管理所设定的最初目标。

（四）供应链管理的方法

在时间上重新规划企业的供应流程，以充分满足客户的需要。推迟制造就是供应链管理中实现客户化的重要形式，其核心的理念就是改变传统的制造流程将体现顾客个性化的部分推迟进行，在整个供应系统的设计中，应该对整个生产制造和供应流程进行重构，使产品的差异点尽量在靠近最终顾客的时间点完成，因而充分满足顾客的需要。这种对传统的制造流程进行重构的做法实际上与当前流行的企业再造是一致的。

在地理空间位置上重新划分企业的供销厂家的分布情况，降低企业的经营成本。供应厂家与销售厂家的合理布局，会减少时间的浪费，更快地将生产的产品输送到消费者的手中。企业与供销厂家之间的沟通协作，可以进一步减少运输以及存储费用，降低企业的经营成本。

在供应链管理中，需要实现生产商对所有的供应厂家的制造资源进行统一的收集与协调。企业的供应厂家不止一家，为了更好地完成用户目标，就需要对所有的供应厂家的生产资源进行统一规划与协调，将它们视为一个整体。

第二节　经济管理思想的演变

一、早期的管理思想

中国文化源远流长、博大精深。在管理方面也不例外，很多的管理思想甚至比西方要早几千年，至今仍有借鉴意义。

虽然，中国古代的生产力水平有限，但是，我国的司马迁、孙武等人都曾提出过一些重要的管理思想，只不过没有形成系统的管理体系。

18 世纪的 60 年代之后，西方国家开始了产业革命。很多的管理思想也由此出现。例如，罗伯特·欧文提出重视人的因素的观点，亚当·斯密的“经济人”的观点等。

二、古典的管理思想

古典管理思想主要集中在 19 世纪的末期以及 20 世纪的 30 年代，其主要代表人物为泰勒与法约尔。

泰勒作为科学管理理论的代表人物，最重要的管理理论集中在组织管理与作业管理这两方面。法约尔在实践中总结出了著名的“法约尔法则”，还有十三项一般管理原则。

三、中期的管理思想

中期的管理思想主要是指 1930 年至 1945 年。管理思想的代表人物为梅奥与巴纳德，代表思想为人群关系学理论。该理论认为，员工不仅仅是“经济人”，更是“社会人”。管理者需要从社会与心理这两方面来提高员工的积极性。在企业中，一定要认识到非正式组织的作用，平衡好正式组织与非正式组织之间的平衡，提升劳动效率与生产效率，还要提高员工的士气。

巴纳德是组织理论的代表人物。他认为，组织是一个系统。在组织内，主管人是最重要的因素，只有依靠主管人的协调，才能维持一个“努力合作”系统；组织的存在要有三个基本条件，即明确的目标、协作的意愿和意见的交流；要使组织存在与发展，必须符合组织效力和组织效益原则。

四、现代的管理思想

现代管理思想，主要产生于 1945 年之后。此时的管理思想发展态势良好，出现了很多的管理学派，管理思想异常活跃。

行为科学学派的代表人物为马斯洛，著名的需求层次理论的提出者，他将人的需求划分为五个层次。还有一位代表人物是赫茨伯格，他提出了双因素论，将影响工作动机的因素分为两种，内部因素与外部因素。

权变理论学派的主要代表人物为菲德勒和卢桑斯。他们的观点是，不存在一成不变的，适用于所有情况的管理模式与方法，管理者应该根据所处的情况与现实条件，采取不同的管理模式与方法。

决策理论学派的代表人物为西蒙。该学派认为，管理的关键在于决策，决策作为一个复杂的过程，可以根据决策的性质分为程序化决策与非程序化决策，根据人的满意情况进行决策。

经验主义学派的代表人物为戴尔与杜拉克。该学派认为，管理学的主要研究内容为管理经验，该学派主张从大企业的管理经验入手，对其进行总结归纳，从而给企业的管理人员提供可实行的建议。

第三节　经济管理的性质与原则

一、经济管理的性质

从微观经济层次的角度，对一系列社会现象进行深入的分析，促进政策的运行，对市场中存在的“市场失灵”等问题进行分析，制定相关的经济政策，实现收入的公平分配。还可以通过制定相关的货币政策、财政政策、收入政策等，进一步保障经济的平稳运行，政府通过对货币以及汇率制度进行标准化的管理，确保国际收支平衡。

在微观经济学中，通过对个体经济单位经济行为的研究，来体现西方经济市场机制的运行与作用，在这个过程中，发现这种经济运行的不足，改善相关问题。其主要的组成部分为市场结构理论、生产要素收入分配理论、消费者行为理论、生产成本理论等。这些经济理论共同构成了公共部门经济学的主要研究工具。公共部门经济学的理论发展，也应该感谢微观经济学的发展。

经济管理是指经济管理者与管理机构为了实现特定的目标，对社会经济活动进行事前分析、决策、计划、控制、监督的过程的综合。经济管理作为人们进行共同劳动的一种客观要求，也是一个复杂且庞大的过程，更是一个有机的整体。

经济管理具有双重属性，既包含自然属性也包含社会属性。管理的双重性是由生产的双重性所决定的，经济管理的自然属性是经济活动中的共性，经济管理的社会属性是经济管理的个性，这就相当于同样的管理过程中的两个方面，掌握经济管理过程中的这一特点，有利于管理者对经济管理过程中客观规律的掌握，更有利于理解经济活动，正确借鉴资本与经济管理的经验的借鉴。

二、经济管理的原则

经济管理的原则简单来说主要包括三种：①经济效益最佳；②物质利益；③遵循客观规律。

第四节　经济管理的内容与方法

一、经济管理的内容

经济管理的内容可以为企业的决策与管理提供依据，其主要内容包括以下几方面。

（一）人力管理

人力资源管理作为经济管理中的重要组成部分，一定要加强人力资源的开发与管理。企业一定要做好员工的培训工作，提高员工的基本素质，不断挖掘企业劳动者的潜力，调动员工的积极性。相关部门建立健全人力资源开发机制，为企业人力资源管理提供相关借鉴，教育部门要做好教育工作，为企业输送更多优质的人才，促进企业发展。

（二）财力管理

财力集聚的对象，就是国内社会总产品的价值和国外资金市场中的游资。财力集聚的主要渠道有财政集资、金融机构集资和利用外资。在我国目前的市场经济发展中，除了搞好财政集资外，尤其应重视金融机构集资和利用外资。财政集资的主要特点是强制性和无偿性，金融机构集资的主要特点是有偿性和周转性。财力管理应坚持的原则：统筹兼顾，全面安排；集中资金，保证重点；量力而行，留有余地；维持财力平衡。

（三）物力管理

物力管理包括两方面的内容，一是自然资源的保护与利用，二是物力的开发、供应与使用。

想要更好地实现物力管理，就需要遵循经济规律与自然规律。主张节约，不能浪费。结合经济发展的要求与人们的需求，开发、使用、保护好物力资源，以合理的方式使用物力，促进企业的正常运行，促进经济与社会事业的不断发展。

在设计自然资源的开发与利用的过程中，要根据可持续发展的相关要求，对自然资源进行合理的开发与利用，不能随意开发，要适度开发，合理利用，以提高资源的使用效率，保护自然环境。

（四）科学技术管理

科学是人类实践经验的概括和总结，是关于自然、社会和思维发展的知识体系。

技术是人类利用科学知识改造自然的物质手段和精神手段的总和，它一般表现为各种不同的生产手段、工艺方法和操作技能，以及体现这些方法和技能的其他物质设施。

制定科学技术发展规划，合理使用科学技术，努力创新科学技术，积极推广应用科研成果。注重技术改造与先进技术的引进，提升自身的创新能力，加强创新型科技人才队伍的建设，为经济管理服务。

（五）时间资源管理

时间是一切运动着的物质的一种存在形式。时间资源具有不可逆性，具有供给的刚性和不可替代性，具有均等性和不平衡性，具有无限性和瞬间性。

时间资源的管理是指在同样的时间内，为了提升时间的利用率与有效性而进行的一系列的调控工作。时间资源管理的内容，简单来说，就是指对生产时间的管理与流通时间的管理。

有效的时间资源管理，就需要做出明确的经济活动的目标与规划，对时间的使用有明确的规划，严格把控时间。对整体的工作程序进行深化与优化，提升工作效率。此外，还要保障有足够的时间用来休息与娱乐。

（六）经济信息管理

经济信息是指反映经济活动特征及其发展变化情况的各种消息、情报、资料的统称。经济信息的特征有：社会性、有效性、连续性和流动性。

经济信息的分类标准多样，不同的划分标准会出现不同的分类情况。按照经济信息的获取方式不同，可以分为常规性信息与偶然性信息。按照经济信息来源不同，可以分为原始信息与加工信息。按照经济信息所反映的内容不同，可以分为外部信息与内部信息。

经济信息管理的要求应该建立在及时、准确、适用的基础上。经济信息管理的基本过程分为收集、加工、及时传递、分类储存。

二、经济管理的方法

组织的经济管理方法与行政方法都各自具有自身的特点。组织具有综合效应，这种综合效应是组织成员共同作用的结果。组织管理就是通过建立组织结构，明确权责关系，规定相关职务，使组织成员各司其职，彼此之间相互配合，共同为了一个目标而努力的过程。

（一）经济方法

经济方法是指依靠经济组织，运用经济手段，按照客观经济规律的要求来组织和管理经济活动的一种方法。正确理解经济方法的含义需要把握以下要点：经济方法的前提是按客观经济规律办事；经济方法的实质和核心是贯彻物质利益原则；经济方法的基础是搞好经济核算；经济方法的具体运用主要依靠各种经济杠杆；运用经济方法，主要依靠经济组织。经济方法的特点是利益性、平等性、有偿性、间接性，作用范围广、有效性强。

经济方法的科学运用，在一定程度上可以体现经济杠杆的科学作用。有效地利用经济杠杆，可以加强对经济活动的管理，但是一定要认识到各种不同的经济杠杆的作用领域与具体的调节目标。经济杠杆的调节作用可以体现在社会经济生活中的各个方面，实现多种调节目标。例如，信贷杠杆在资金分配的过程中发挥作用，可以促进社会总需求与总供给之间的平衡，还可以促进企业的发展，减少资金的占用，促进资金的合理运转，提高企业的经济利益。

（二）法律方法

经济管理的法律方法，是指依靠国家政权的力量，通过经济立法和经济司法的形式来管理经济活动一种手段。法律方法的特点是权威性、强制性、规范性、稳定性。

法律方法是国家管理和领导经济活动的重要工具，在经济管理中之所以要使用法律方法，从根本上说，是为了保证整个社会经济活动的内在统一，保证各种社会经济活动朝着同一方向、在统一的范围内进行落实依法治国基本方略。具体来讲就是保障国家的经济建设的大政方针，保护以公有制为主体的多种经济成分的合法权益，保障科技成果的有效应用，加强国与国之间的经济合作，保证顺利完成经济体制改革。

（三）行政方法

经济管理的行政方法，是指依靠行政组织，运用行政手段，按照行政方式来管理经济活动的一种方法。行政方法的特点是强制性、直接性、无偿性、单一性、时效性。

行政方法使用之前，一般会进行深入的调查研究。注重从实际出发，尊重客观事实。行政方法一般建立在客观经济规律之上，对于各级组织与领导人的权力范围有严格且明确的划分，可以正确处理各级组织的关系。裁撤冗余的机构组织，建立健全行政工作责任制，提高办事效率。尊重人民群众的利益，发扬民主，积极联系群众。

合理的经济管理组织是管理者履行各种管理职能，顺利开展各项管理活动的前提条件。建立合理的经济管理组织应坚持的基本原则为：坚持有效性原则，即管理组织结构的建立，包括它的结构形态、机构设置和人员配备等，都必须讲效果讲效率；坚持权利与责任相对称的原则，即各级经济管理机构和管理人员，根据所管辖范围和工作任务，在管理经济活动方面，都应拥有一定的职权，与此相对应，还要承担相应的责任；坚持管理层级及幅度适当的原则，一般来说，管理层级与管理幅度呈反比例关系，即幅度宽对应层较少，幅度窄则对应层较多；坚持统一领导、分级管理的原则；坚持稳定性和适应性相结合的原则；坚持执行与监督的分设原则。

第五节　经济管理的效益与评价

一、经济管理的重要性

企业的经营活动都是为了获得经济效益而进行的，经济管理是企业管理制度中的重要一环，采取有效对策对企业经济运行进行管理，能够促进企业的健康发展。

二、将经济管理作为企业经营管理的中心

（一）加强资金管理

资金管理作为企业经济管理中的核心所在，也是衡量企业经营标准的重要参考因素。加强资金管理，提升资金的使用效率，优化资金的配置是提升企业经济管理的重要方式之一，这也是企业立足的关键所在。

（二）坚持资金运转管理的思想

企业经济管理的最终目标就是保障资金的使用科学化与合理化，提高企业的经营效率。经济管理作为企业管理的关键，不只是相关的管理部门坚持这种思想，而是企业的所有员工都应秉持资金管理的思想。

（三）定期开展经济预算

企业在日常的经营管理中，应根据企业实际的资金情况，对企业的经济活动以及盈利规划做出合理的设计方案，计算出有效的经济预算，为企业在以后的经营决策中提供依据。

（四）强化收支管理机制

企业只能设置一个账户，不能建立多个账户，将资源打散，用来掩藏资金。也就是说，企业所有的开支与收入应该用一个账户，禁止相关部门或者个人对资金进行不合理的使用，企业资金的开支应该由专门的负责人进行管理，其他人没有权利进行支配。

（五）做好成本控制

成本控制是经济管理的重要组成部分，做好成本控制就是协调各部门之间的费用分配，将最具有竞争力的产品指标进行有效的拆分，并在相关部门中严格贯彻。采用最先进的技术管理方式，做好成本控制，节约资金，加强企业的竞争力。

（六）策划经济方案

在进行经济管理的过程中，相关工作人员要根据企业的真实情况，做好经济方案。有阶段性的经济方案，也要有全年的经济方案，做好经济预算，及时解决经济活动的困难，便于经济管理。

（七）研究经济管理的结果

深入研究经济管理的结果，对于经济管理具有重要的意义。可以找出经济管理中的不足，吸取相关的经验，不断完善经济管理活动，使企业有效地掌握资金，做好预算，促进企业的发展。

三、增强经济管理的力度

经济管理与企业的日常经营活动相结合，增强经济管理的力度。在企业的日常经济管理活动中，经济管理的作用可以说在各个环节中都有所体现，以保障企业的正常运行，减缓资金供应的压力。

（一）影响企业资金周转不畅的因素

影响企业资金周转不畅的因素主要包括：相关工作人员的经济管理的意识淡薄；客户欠款与拖款现象严重；所支持的资金的账目一直处于较高的水平。

企业要根据自身的实际情况，建立专项的管理团队，定期开展收回欠款的活动，还需要各个部门之间的相互配合，做好企业的成本预算，降低企业成本，提高企业的经济效益。

（二）增强经济管理的途径

1. 做好经济规划

良好的经济规划对于企业的发展方向具有重要的指导意义，经济规划做得好，就会提升企业的经济效益，增强企业的经济管理。因此，想要做好经济规划就需要从以下几个方面着手。

①掌握企业具体情况，对资金的流通规律有基本的认识。

②应该进行充分科学调研，依法经营。

③厘清投资过程，科学民主地进行经济管理。

④建立风险预警机制。

2．体现经济监督

企业想要维持正常的运转，就需要建立健全经济监督机制，成立管理领导小组，加强经济管理监督工作，反对不良经济行为。经济管理人员一定要具备高度的责任感，对不良的经济行为坚决抵制，发现问题及时与有关人员沟通，坚守自己的职业道德，保障职工的合法权益。

3．科学分配企业盈利

盈利的分配直接关系员工的切身利益。科学的分配企业的盈利，可以调动员工的工作热情，还可以促进企业的整体发展。目前来讲，大部分企业的分配原则都是平均分配，这从一定程度上，挫伤了企业员工的生产积极性，也使得企业的运行陷入一种不良循环。

根据经济管理的内容，企业的领导可以采用多种形式来改善盈利的分配，体现杠杆的调节作用，使企业的运行达到一种相对平衡的状态，提升员工的积极性，让企业朝着更好的方向运行。

想要全面提升企业经济管理的引导效果，就需要建立一个科学、全面、有效、可实行的经济管理体系，不只是依靠某一个部门或者是某一部分人员，而应该是企业的全体部门与全体职工一起努力致力于做好管理决策，提升员工素质，利用最为先进的技术，做好成本控制、资金规划，提升经济管理的效率。除此之外，还要加强企业员工的相关培训，不断提高企业的管理水平，提升企业的经济效益，为企业的发展做出贡献。

第六章　现代农村经济发展与管理

现代农村经济管理是根据市场需求和国家对经济手段运用情况等外部环境和本地区的内部条件，确定经济发展目标，并对再生产过程中的生产、分配、交换、消费环境和人、财、物、信息等生产要素进行决策、计划、组织、指挥、协调、控制，以达到预期目标的一种自觉的、有组织的活动。本章重点阐释农村经济管理与基本经济制度、农村生产要素组合与配置、农村自然与土地资源管理以及农村经济组织与财务管理。

第一节　农村经济管理与基本经济制度

一、农村经济管理

（一）农村经济管理原则

农村经济管理原则是指人们在对农村经济活动的管理过程中所遵循的法则，包括以下原则：

（1）坚持整体效益原则。农村经济管理的整体效益原则是指农村经济管理追求的是经济效益、社会效益和生态效益相统一的整体效益。坚持农村经济管理的整体效益原则就是要从农村经济和农村社会整体出发，寻找三大效益在不同情况下的最佳组合点，推动农村经济的发展。

（2）坚持民主管理原则。民主管理是相对于绝对服从绝对权威的管理而言的，即管理者在“民主、公平、公开”的原则下，科学地传播管理思想，协调各组织各种行为达到管理目的的一种管理方法。农村经济管理必须坚持民主管理的原则。主要体现在村务公开、村级事务的民主决策、村民民主理财等方面。

（3）坚持利益协调原则。我国农村经济管理的利益协调原则，就是要正确处理好国家、集体和个人三者之间的关系，包括全部生产过程的生产、分配、交换、消费环节和人、财、物、产、供、销等方面的关系。当然，也要正确处理好企业与企业之间、个人与个人之间的关系，并协调好不同群体之间的利益。

（4）坚持物质文明和精神文明互相促进的原则。农村经济管理必须坚持物质文明和精神文明互相促进的原则。一般而言，物质文明的主要标志是生产力的发展水平，表现为人们物质生产的进步和物质生活的改善；精神文明的主要标志是科学文化和伦理道德的发展水平，它具体表现为两个方面：一是文化的进步状态，即教育、科学、文化知识的发展；二是思想进步的状态，即人的思想、政治、道德水平的提高。我们强调提高人们的思想境界，使之成为有理想、有道德、有文化、有纪律的劳动者。物质文明和精神文明互为因果、互为条件、互为目的。

（5）坚持责、权、利相结合的责任制原则。责任制原则是农村经济管理工作的一条重要的管理原则。责、权、利相结合是指在经济管理工作中正确划分经济活动的各个方面的责任、权力和经济利益关系的问题，并使各方面密切配合，协调一致。责任、权力、利益三者相互依存、相互制约，密切联系，缺一不可。责、权、利三者结合，责任是前提，是第一位的，权力是实现责任、获得利益的保证，利益则是尽责的动力，只有建立和健全责、权、利相结合的经济责任制度，实现责、权、利三者有机统一，才能提高农村经济管理工作的效率，达到良好的工作效果。

（二）农村经济管理方法

农村经济管理方法是指在农村经济管理工作中，管理者执行管理职能和实现管理任务，运用各种旨在保证经济活动朝着预定方向发展的手段和措施的总和。依据其内容和作用不同分为行政方法、经济方法、法律方法和思想政治教育方法。

1. 思想政治教育方法

思想政治教育方法是指通过对劳动者的思想教育和政治培训，以提高劳动者的工作积极性，从而保证经济管理工作的顺利进行所采用的方法。思想政治教育的内容包括：对党的路线、方针、政策的教育和形势教育，建设社会主义精神文明的教育，民主、法制和纪律的教育，爱国主义和国际主义教育等。思想政治教育方法也具有局限性，表现在以下方面：一是它的作用范围有局限性，这种方法不直接干预经济利益的分配，也不直接干预人们的经济工作活动，它对经济活动只有间接的决定作用；二是思想政治教育方法要在一定条件下才能发挥积极作用，不能脱离经济方法等其他管理方法的运用来起作用，尤其是物质利益问题；三是思想政治教育方法不能解决人们所有的思想意识问题，特别是经济工作中遇到的某些社会心理问题，需要与其他方法结合使用，才能起到更好的效果。

2. 行政方法

行政方法是指管理主体运用行政权力，按照行政层次，通过各种行政命令、指示、决议、规定、指令性计划和规章制度等手段，直接控制组织和个人的行为，以保证管理目标实现的方法。管理主体是指国家在乡村设立的各级经济管理机关。管理主体在行使行政手段时，必须依照既定的行政法规，针对特定的和具体的事项，做出必要的决定和处理。

3. 经济方法

经济方法是指按照客观经济规律的要求，依靠经济组织，运用经济手段，对经济活动进行管理的方法。经济组织是根据生产力水平和社会分工，按照社会需要与技术经济联系的要求建立起来的，如企业、专业公司、联合企业以及银行等组织机构。经济手段是指运用价格、税收、信贷、补贴、工资、奖金、罚款等经济杠杆以及经济合同、经济责任制、经济核算等经济措施。经济方法的实质，在于贯彻社会主义物质利益原则，正确处理国家、企业、劳动者个人三者的关系，使企业和劳动者从物质利益上关心劳动成果，充分发挥其积极性。

4. 法律方法

经济管理的法律方法是指动用各种经济法律、法规和经济司法工作，调整国家机关、企事业单位和其他社会组织之间以及它们与公民之间在经济活动中所发生的各种经济关系，保证社会经济活动顺利发展的方法。法律方法的基本特点是权威性、规范性、强制性、稳定性。用法律方法管理经济包括两方面内容，即经济立法和经济司法。经济立法解决经济管理过程中有法可依的问题。经济法是我国法律的重要组成部分。但要做到有法必依、违法必究、执法必严，还必须有经济司法。经济司法，通常是指国家的司法机关按照经济法律和法规，按照法定程序和制度，解决经济纠纷、审理经济犯罪与涉外经济案件的执法活动，它通过各种侦察、调解、仲裁、起诉和审判的手段来保证各种经济法律和法规的实施。

上述各种管理方法既有区别，又有联系，在农村经济管理工作中，要因时、因地、因情选择，而不能孤立地使用，必须将各种管理方法有机地结合起来，相辅相成，实现最佳的结合，从而促进农村经济的协调持续的发展。

二、农村基本经济制度

我国农村基本经济制度是指以家庭联产承包为主，统分结合的双层经营制度，又称农村家庭承包经营制度。

（一）农村家庭联产承包制

农村家庭联产承包制是指农户以家庭为单位向集体组织承包土地等生产资料和生产任务的农业生产责任制形式，其基本特点是在保留集体经济必要的统一经营的同时，集体将土地和其他生产资料承包给农户，承包户根据承包合同规定的权限，独立做出经营决策，并在完成国家和集体任务的前提下分享经营成果。一般做法是将土地等按人口或劳动力比例根据责、权、利相结合的原则分给农户经营，承包户和集体经济组织签订承包合同。这一经营制度没有改变农村土地的集体所有制，只是改变了农村土地的经营方式，符合生产关系一定要适应生产力发展的规律要求，符合农业生产自身的特点，符合我国农村经济发展的现状，也有利于推动我国的农业现代化。家庭承包经营责任制是我国农村经济制度的基础，也是农村集体经济组织经营方式的基础。家庭承包经营责任制和集体统一经营相互依存，构成了农村集体经济组织内部的双层经营体制，其中，家庭承包经营是基础。

家庭联产承包责任制是农村经济体制改革的产物。农村家庭联产承包责任制不是一般企业中的生产责任制度，也不是一个单独运行的经济实体，它是与合作经济中统一经营部分结合运行的一个经营层次，它是一个新的经营制度，是生产关系的重大变革，具体表现在以下方面：

（1）农户通过承包土地，对集体所有的土地有了占有权、支配权、使用权。家庭承包经营后，仍然保持着土地的集体所有制，农户所获得的仅是土地的经营权。善于经营的农户，可以在这个基础上积累资金，兴办企业，购买大型生产资料。但是土地的集体所有制保证了任何一户农民都有权承包土地，农户在其经营发生困难时会得到集体的帮助，使其得到发展。为了经营承包地农户还购买了大量的工具、肥料等生产资料。合作社的生产资料所有制由过去的单一的集体所有，改变为集体所有和家庭私有并存的形式。

（2）农户虽说是集体经济组织的承包单位，但它已具有法人地位，是具有经营决策权的独立经营、自负盈亏的生产者，是具有积累资金和再生产功能的经营实体。但在我国当前的农业生产中，家庭经营也只是集体经济组织的一个经营层次，它受集体统一经营层次的约束。

（3）集体统一的经营部分，仍然属于全体社员集体所有。集体内部的各农户之间、集体与农户之间的劳动交换关系，则变成了独立经营者之间的劳动交换关系，是以商品交换的形式代替了直接的劳动交换关系。

（4）在分配关系上，随着改革的不断深入，集体统一经营部分除了实行按劳分配，还可以实行按资分配，家庭经营收入则决定于家庭经营成果。因为承包土地时，一般是按人口多少分配承包土地面积，所以经营成果既决定于投入劳动力的数量和质量，又决定于投资的多少。

（二）农村集体经济

农村集体经济是农民按照一定区域或自愿互利原则组织起来，基本生产资料共有或按股份所有，在生产和交换过程中实行某种程度的合作经营、按劳分配和按生产要素分配相结合的所有制经济。发展壮大农村集体经济，需要做好以下方面的工作：

（1）优化农村集体经济发展环境。一是要建立和完善农村集体建设用地使用权流转制度，盘活土地使用权；二是要改进征地模式，确保农村集体经济发展空间；三是要建立健全集体经济积累机制。

（2）因地制宜，科学决策，以市场为导向选准集体经济的发展道路。要实事求是，采取多种形式；要因地制宜，不搞一个模式，确定不同的发展路子。在发达地区及城市周边，应着力改善投资环境，盘活集体土地，开发工业区，引进外资兴办企业，以工业发展为主，实现工业拉动整个农村经济的发展；在自然条件较差的农区，应根据本地资源与市场需求，进行资源开发型发展，通过培植农业“龙头”企业，推进农业产业化。

（3）抓好基层组织建设，为集体经济发展提供组织保证。发展农村集体经济千头万绪，要建立一个强有力的好班子，集体经济才能搞起来。首先，配好配强村级班子；其次，加强对班子成员的培养和教育；最后，进一步完善激励机制，把发展村级集体经济纳入村干部目标责任制的主要内容，作为考核村干部的重要依据。

（4）探索一套好机制。发展壮大集体经济，要在体制机制上创新，在管理制度上完善。一是要大力发展股份制和股份合作制经济；二是要大力发展农民专业合作社；三是要营造一个好环境。

（三）统分结合双层经营体制

统分结合双层经营体制是指家庭分散经营和集体集中经营相结合的一种经营模式。双层经营体制可以分为两个经营层次：一层是“统”，即经济组织对生产经营的统一分配和调节，双层经营中的“统”的职能包括生产服务、管理协调、资金积累等功能；另一层是“分”，即家庭分散经营，农户作为拥有独立生产经营自主权的经营单位，它是一种适合中国农村改革需要，推动中国农村经济发展的经营体制。这种经营体制是打破了原来的集体所有、集体集中统一经营的体制之后而建立的一种新型经营体制，它是以家庭分散经营为基础，集体集中统一经营条件下的一种经营体制。这一经营体制与农村原有的经营体制的根本区别就在于它具有双层经营的特征。

以家庭承包经营为基础的双层经营体制，“统”与“分”之间存在着相互制约、相互依赖、相互渗透的关系。农村双层经营体制需要进一步完善，以挖掘其内部潜力，使统分结合的优势得到充分发挥。统分结合的双层经营体制，作为我国农村的一项基本制度，是符合我国国情和农业经济发展规律的，其具体完善措施如下：

（1）大力发展集体经济，增强其统一经营的功能。发展壮大农村集体经济是完善统分结合经营体制的关键，发展和壮大集体经济，目的在于更好地为家庭经营服务，促进农民增产增收。在发展集体经济上，思维要超前，路子要宽，但更要因地制宜，宜农则农、宜工则工、宜商则商。

（2）大力推行农业合作化经营。合作化经营是广大农户联合起来从事经济活动的经营形式，它是解决小农户与大市场矛盾的根本途径。实行农业合作化经营，要以家庭经营为基础。采取多种合作形式，一是实行多种生产要素的合作，即实行劳动、资金、生产资料等生产要素的合作；二是实行多个经营环节的合作，包括生产、供应销货、金融、科技、贮运等环节的合作；三是实行多种经营层次的合作，包括本地区合作和跨地区合作等。

（3）实施适度的规模经营。适度的规模经营能有效地克服土地分散、细小的局面，便于大面积的机械化作业，提高劳动生产率。适度的规模经营有利于实现土地、资金、劳动力和技术等生产要素的优化组合，提高农业经营效益。在经济条件较成熟的地区可以试行逐步实施适度的规模经营。

（4）大力推广农业产业化经营。农业生产力发展到一定水平，客观上要求农业内部各公司、农户等经营主体通过合同或其他途径结合成某种形式的经营组织，进行专门化、一体化、社会化的经营服务，通过产、工、销各环节，农、工、商各领域的有机结合，使农业具有产业的系列效应和大规模组织的优势。

（5）合理调整产业结构，积极兴办乡村企业，正确引导农村剩余劳动力充分就业。随着农产品市场竞争的日趋激烈，许多农产品在市场上已经接近或处于饱和状态，消费者对质量提出了越来越高的要求，农产品市场竞争也逐渐由价格竞争转向品质竞争，为此，应根据消费市场对农产品的需求趋势，积极投入人力、财力，开发不同用途的优质品种，来扩大市场的占有份额，增加农民收入。

总之，对双层经营体制的进一步完善是农村经济持续、快速、健康发展的基础，是进一步巩固农村改革成果的关键，是农业生产实现规模化经营的前提，是农村稳定、农民走向共同富裕的根本保证。同时，也只有对农村双层经营体制的进一步完善，才能更好地坚持公有制，充分发挥集体的优越性和个人的积极性，才能更好地发展农业生产，增加农民收入，壮大集体经济，也才能更好地引导农民走共同富裕的道路。

第二节 农村生产要素组合与配置

一、农村生产要素的组合

农村劳动力、土地、科技、能源、信息、资金和管理等各种资源，在一定时空条件下形成的比例关系构成了一个相互联系、相互影响、相互制约的农村经济资源系统，它是农村各产业生产经营活动顺利进行的基础。而构成农村经济资源系统的各生产要素不仅有量的变化，还有质的不同，因此，所形成的要素间的比例关系和组合关系的结果也就不同了。农村经济系统要实现最佳经济效益就必须以尽可能少的投入获得尽可能多的产出。

生产力要素是指劳动者、劳动对象和劳动资料。随着人们认识水平的不断提高和深化，生产要素的外延在逐步扩大，生产要素包括劳动力、土地、科技、能源、信息、资金和管理等。生产要素是相对独立的，不能单独发挥作用，只有把它们按照一定量的比例关系和质的内在联系组合起来，才能生产出具有使用价值的产品。不进行组合，生产要素就不能转化。组合不合理，就会浪费和损失要素资源。

（一）农村生产要素合理组合的意义

生产要素组合合理是指依据科学测定和长期生产实践经验将相关生产要素间量的比例关系和质的内在联系科学合理化组合起来，实现少投入多产出、效益最大化的管理活动。实现农村生产要素组合合理有积极的意义。

1. 能够实现农村各种资源充分利用

农村生产活动的进行，需要利用相应的各种资源，并进行组合。在这个过程中，必然要消耗资源、转化资源。对各种资源的消耗、转化，从经济管理的角度看，应该是以尽可能少的资源消耗、资源占用，取得尽可能多的劳动成果。在一定技术经济条件下，各种资源的数量和质量都是一定的，即各种资源都有量的规定和质的规定，是相对不变的。怎样把有限的各种资源都利用起来，为农村经济建设服务是需要关注的问题。这就涉及对农村各生产要素的组合要合理，只有农村生产要素组合合理了，才能实现农村各种资源的充分利用。

2. 能够实现最佳的经济、生态和社会效益

衡量农村生产要素组合是否合理的重要标准是能否取得最佳的经济效益、生态效

益和社会效益。同时，取得最佳的经济效益、生态效益和社会效益是农村生产要素合理组合的最终目标。在农村经济系统的运行中，只有把各种资源充分利用，并使各种资源进行有效配置，才能实现农村生产要素的合理组合，从而取得最佳的经济效益、生态效益和社会效益。

3. 能够对农村各种资源进行有效配置

农村各种资源包括劳动力、土地、科技、能源、信息和资金等，这些资源单独是无法实现产品生产的，只有将它们进行合理的组合，才能进行产品生产，生产出符合人类需要的产品来。而资源的组合是否合理，实质上是指各种资源配置是否有效。因此，农村生产要素合理组合就是要实现农村各种资源的有效配置，从而更好地利用农村各种资源，为农村经济建设服务。

（二）农村生产要素合理组合的条件

生产要素组合的形式多种多样，但合理的组合是有条件的。合理组合生产要素的条件有以下方面：

1. 达到技术经济效果的最优化

衡量生产要素合理组合的标准是技术经济效果的最优化。农村经济活动的进行，不管是农产品生产，还是工业生产或是服务活动，必须就生产怎样的产品、如何生产、生产多少等问题进行决策。决策就需要占有大量的信息。在社会主义市场经济条件下，主要信息包括市场供求信息、同一产品的竞争信息、产品技术进步信息、国际公认的产品技术标准和安全标准等。信息是重要的生产要素，为微观主体的生产经营决策提供依据。在运用信息进行科学决策后，通过管理活动，把各生产要素由孤立静止状态变成组合运行状态，发挥其生产功能，生产出满足社会需要的产品。

任何一种产品的生产，其生产要素的组合方式和数量比例关系是很多的。不同的劳动者，不同数量和质量的机具设备，不同的原料、动力，不同的科技，不同的管理，不同的土地，等等，可以形成若干不同的组合方案。合理的方案必须先是生产技术上可行的方案，即产品的使用价值能够据此生产出来。但仅此是不够的，因为生产技术上可行的方案可能有许多。因此，还应有经济衡量标准，即通过生产要素的合理组合，以尽可能少的要素投入取得最大的经济效益才是最好的方案。经济效益越好，说明生产要素组合越合理。总之，在生产技术可行的基础上经济效果最优化，是生产要素组合的技术经济衡量标准。

2. 充分调动劳动者的积极性与创造性

充分调动劳动者的积极性和创造性，是生产要素合理组合的重要前提。因为，先进的生产工具要靠人发明并靠人操作；信息要靠人去收集、分析、利用；管理活动要靠人来决策、执行。在生产力诸要素中，人是起决定作用的因素。要使各生产要素的组合效果最优化，其前提是发挥劳动者的积极性、主动性和创造性。现代管理提出的“以人为中心”的管理理论，就是在充分认识劳动者在生产力诸要素中的主观能动作用基础上形成的一种管理理念。

调动劳动者的积极性和创造性是一个十分复杂的问题。在不同社会制度、在同一社会的不同阶段、在不同的具体工作环境，劳动者的积极性和创造性或被压抑、或被发挥，表现出较大的差异性。如何激励劳动者的劳动热情、调动劳动者的积极性已成为经济学家、社会学家、心理学家、厂长、经理等共同关注和研究的问题。要激励劳动者，促进生产效率的提高，还得使劳动者在一些方面得到改善：工作上富有成就感、工作成绩得到认可和尊重、工作上自立、事业得到发展。这些方面的改善能够激发劳动者的积极性和创造性，从而提高劳动者的效率。

就农村农业劳动者而言，适合农村生产力水平的生产经营组织形式、是否尊重农民的生产主体地位和独立的经济利益、农村的方针政策、农产品价格水平、农民的收入水平等，都是影响农民从事农业生产的积极性和创造性的因素。如果这些问题处理得好，农民的生产积极性和创造性就高。只有劳动者的积极性、主动性和创造性被充分调动了，生产要素的合理组合才能实现。生产要素合理组合主要依靠人的主观能动性和创新性。基于这样的认识，便可得出人是社会生产力的决定因素的结论。

3. 促进生产要素的合理流动

生产要素的合理流动是生产要素合理组合的必要前提。社会资源的有限性和对社会资源需求的无限性的矛盾，要求必须发挥资源的最大效益，实现这一要求的基本做法就是在全社会范围内使生产要素能合理流动，即一个经济系统所需的资源能够从其他系统流入，一个系统剩余的资源又能够流出，这样才能使社会资源在不同的物质生产部门做到合理配置、人尽其才、物尽其用。

生产要素的合理流动、优化配置，要靠一种机制按照自然规律、经济规律的要求自动地进行有效调节。用怎样的调节机制与一定时期的经济管理体制有关。计划经济体制下，国家采用行政手段，用计划的形式对无所不包的社会供求进行统一安排，据此配置各种生产要素。社会主义市场经济体制是充分运用市场机制对要素资源配置发挥基础性作用，国家调控主要解决市场失灵的要素资源配置问题。市场机制作用的发挥主要是运用市场机制中的价格机制、供求机制和竞争机制，使生产要素从低效益部门、行业、单位流向经济效益高的部门、行业、单位；从市场供求过剩的长线产品流向市场短缺的短线产品。在价格竞争中，经济效益好的部门、行业、单位占有优势，要素资源就会流向这些部门、行业、单位，如土地使用权的拍卖，谁报价高谁就拥有土地的使用开发权。因此，生产要素的合理流动是实现资源优化配置的前提，而市场机制是调节生产要素合理流动的基础。

（三）农村生产要素合理组合的内容

农村生产要素的合理组合不外乎是生产要素与产品之间的组合、要素资源与要素资源之间的合理配比、产品与产品之间的组合、时间因素与生产要素之间的组合等。

1. 生产要素与产品之间的组合

（1）可控要素中的变动要素资源。参与生产过程的要素资源，有些是可以人为控制的。投入的方式、投入的时间、投入的数量可以视需要而定，这样的生产要素称为可控要素资源，如农业生产中的劳动力、种子、肥料、农药等。而气温、阳光、降水等目前人类无法控制的因素，就称为不可控要素资源。在生产中，人们对不可控要素资源的作用只能凭经验、凭知识从概率上把握其估计值，预测其影响范围，并尽量调节可控要素资源，使之与不可控要素资源协调起来，因势利导，扬长避短。在生产中，可控要素资源又有一个组合方式和量上的配比。

可控要素资源的组合方式和量上的配比，取决于人们的生产技术和经验，技术和经验不同，组合方式也不同。在技术一定的条件下，对部分生产要素的投入量、投入方式已基本固定的情况下，只需考察其他几种或一种生产要素变动对产量的影响，就可以得出期望的结论。在进行技术经济分析时，为了使问题研究简化，常将一些要素资源投入量人为控制在某一固定水平上，而将少数几种要素资源视为变量进行研究，这些要素资源就称为可控要素资源中的变动要素资源。

（2）变动要素资源投入报酬的变化规律。因为固定要素资源投入量是不变的，也就不存在其对产量的影响。这里只要研究变动要素资源投入量的变化对产量的影响，就可以确定变动要素资源与固定要素资源的合理配比，获得技术经济效果最优时的变化要素资源投入量。研究变动要素资源与产量之间的数量关系，寻找变动要素资源投入报酬的变动规律，往往使用一种动态分析的方法，即让变动要素资源的投入量从平面直角坐标原点或是某一定量开始，每增加一个单位变动要素资源看产量相应增加（或减少）多少，从中找出投入产出关系的规律性，这种分析方法叫作边际分析法。每增加一个单位变动要素资源而增加或减少的产量称为边际产量，也称为边际报酬。将变动要素资源依次追加下去，可依据边际产量的变化情况看到变动要素资源报酬的变化趋势。

变动要素资源报酬有三种变化情况：一是边际产量不变，说明要素资源利用效率是固定的，不因投入量的改变而发生变化；二是边际产量递增，说明随着投入量的增加，要素资源效率提高；三是边际产量递减，即变动要素资源的不断投入反而引起产量出现递减。掌握变动要素资源的报酬规律，可以使我们以合理的变动要素资源投入获得最佳产品的产出量。

2. 要素资源与要素资源之间的合理配比

（1）互补要素资源与互竞要素资源。若两种或多种要素资源必须以固定比例才能投入生产过程，则称它们是互补要素资源。如果独立地增加其中某一要素资源或不能按比例同时增加与之互补的要素资源，产量就不可能提高，甚至会出现减少。有些资源功能相近，可以互相替代，如畜牧养殖业中的饲料，可以是玉米，也可以是小麦，那玉米和小麦则称为互竞要素资源。对于互补要素资源必须准确地掌握它们的配合比例；对于互竞要素资源，就应进行费用、效益比较，选用那些价格低、效果好的要素资源。

（2）互竞要素资源最小成本配合。互竞要素资源是指一种产品生产，既可以使用甲要素资源，又可以使用乙要素资源，那甲、乙两种资源则称为互竞要素资源。功能相近的要素资源可以互相完全代替或部分代替。在互竞要素资源中，从要素资源的完全代替看，有些要素资源之间的代替比率是固定的；从要素资源不完全替代看，有些要素资源之间的代替率是变化的。在要素资源的选择上，主要依据其价格和使用的数量进行对比，选用成本低的要素资源。

3. 产品与产品之间的组合

（1）产品与产品间的关系。产品间的关系大体上可分为四类：①联合产品，是指不能单独生产出来，而必须在生产其他产品的同时生产出来的产品，如牛肉和牛皮就是联合产品；②互补产品，是指在要素资源数量既定时，增加甲产品的产量，而乙产品的数量仍保持不变，这两种产品即为互补产品，如利用竹林种植蘑菇，并不影响竹生长；③互助产品，是指以定量要素资源分别生产两种产品时，增加某一产品产量，另一产品产量同时也增加，这样的产品称为互助产品；④互竞产品，是指要素资源量一定时，增加甲产品的生产量，就必须要减少乙产品的生产量，则甲、乙两种产品称为互竞产品。研究产品与产品的组合，重点是研究互竞产品使用要素资源合理配比。

（2）互竞产品的要素资源分配。在要素资源供应不足时，如何将定量要素资源分配于互竞产品是需要考虑的问题。通过边际收益均等原理，若将某项资源从甲种产品生产部门转到乙种产品生产部门时，只有当乙种产品生产部门边际收益高于甲种产品生产部门的边际收益时，这样的转移才有经济意义。

4. 时间因素与生产要素之间的组合

农村生产要素的合理组合，不仅是一个要素资源与产品之间、要素资源与要素资源之间在数量上的配比问题，而且与时空关系也十分密切。讲求生产要素组合的时间效益与空间效益，是社会经济发展的客观要求。

（1）积储性要素资源与流失性要素资源。在生产过程中，有的要素资源能够直接转移到产品中，成为产品的构成要素，生产过程结束后，要素资源的实体消失。如果不利用，便可储存到下一个生产周期使用，其使用价值并不因此而改变，这样的要素资源称为积储性要素资源，如原料、燃料等。有的要素资源只能以其功能为生产服务，其功能价值是和时间因素结合在一起的，即随时可供使用，但如果不及时利用，闲置时间内服务功能则随时消失，这样的要素资源称为流失性要素资源，如劳力资源、信息资源等。劳动力闲置和利用不合理、浪费掉时间再也无法补回，信息具有时效性。对于流失性要素资源，要注意提高利用率，避免流失性要素资源因利用不及时而浪费掉。

（2）资金的时间价值。资金的时间价值即使用资金所花费的成本，通常表现为支付的利息。转让资金必须得到一定的利息补偿，而取得资金的使用权必须支付一定的利息。在生产过程中，要素资源的过多占用、投资方案的不合理，都会导致资金的过多占用而多支付利息，造成效益不好。因此，合理占有使用资金，减少利息支出，提高资金使用效益对生产经营活动有十分重要的现实意义。

（3）生产周期与可变产品最佳生产周期的确定。在生产过程中，有些产品的生产周期由于自然或技术的原因，其生产周期是固定的，如粮经作物生产的季节性，人们不能任意改变。生产经营者要获得经济效益最大化，必须从再生产的角度注意缩短生产周期、加速资金流转，以单位时间纯收入最大为目标，在一个较长时期内多生产产品，获得更大的效益。

二、农村生产要素的配置

社会经济发展的一定阶段，相对于人们的需求而言，资源总是表现出相对的稀缺性，从而要求人们对有限的、相对稀缺的资源进行合理配置，以使用最少的耗费，生产出最适用的商品和劳务，获取最佳的效益。资源配置合理与否，对一个国家经济发展的成败有着极其重要的影响。在社会化大生产条件下，生产要素的配置有两种方式：一是计划配置方式，即计划部门根据社会需要和可能，以计划配额、行政命令来统管生产要素和分配生产要素；二是市场配置方式，即依靠市场运行机制进行资源配置——生产者根据市场上的供求关系及产品价格信息，在竞争中实现生产要素的合理配置。

（一）农村生产要素配置的原则

要使农村生产要素的配置具有良好的经济效益、社会效益和生态效益，应该坚持以下原则：

（1）满足市场需求的原则。在商品经济条件下，市场需求与价格信号反映各个需求层次的需求程度，供给者按市场需求进行生产经营。供给的背后是生产要素配置，供给能满足需要，从一个侧面反映了生产要素配置是合理的。如要满足市场需求，形成合理的农业生产要素配置，就必须动员各方面的力量，增加对农业的投入。

（2）节约资源，讲求效益的原则。发展社会主义农村经济，从生产力方面来分析，无非是对各生产要素的利用。生产要素的利用只能是通过合理配置和有效利用来使用农村各生产要素。只有节约资源，才能从物质形态上增加社会财富，从价值形态上提高资源利用的经济效益。

（3）保护资源，保护环境的原则。生产要素的配置总是在一定的环境下进行的，其配置的状况会直接影响环境。在农村经济活动中，一些物理性质、化学性质、生物性质的生产要素，如果违反它们的特殊要求去配置，则可能破坏生产经营环境，使生产要素的数量减少、品质下降。社会主义生产是一个不断扩大再生产的过程，需要更多的生产要素，要求提高生产要素的品质。但是，生产要素是不会自动增多的，其品质也不会自动提高，而必须在再生产过程中、在生产要素合理配置中加以保护。换言之，生产要素的合理配置是以保护资源、保护环境为前提的。只有这样，才能使可利用的生产要素数量增多、质量变好。

（4）因地制宜、流动开放的原则。农村商品经济发展的实践证明，一个狭小的地域不可能拥有全部自己所需要的生产要素，也不可能把自己全部现存的生产要素在本地域内合理利用，而必须通过市场和横向经济联系引进或输出必要的生产要素，用社会化方式来配置自己所需要的生产要素，使各生产要素处于高度的互补互助状态，在完全的开放流动中实现农村生产要素的合理配置。

（二）农村生产要素配置的优化

1. 激活生产要素

激活生产要素，就是通过建立新的机制，使原来处于闲置状态的生产要素活跃起来，创造价值，产生效益，其主要形式如下：第一，加强生产经营管理。通过加强生产经营管理，使活力增强、成本下降、竞争力提升、效益提高。第二，置换生产要素。置换生产要素即以闲置的生产要素换取自己紧缺的生产要素，激发活力，提高效益。第三，资产重组。资产重组即把分散在不同配置中的生产要素拆散开来重新组合，形成新的生产能力。

2. 引进生产要素

引进生产要素，就是从外界输入某些生产要素，优化经济发展所需的生产要素配置，推动经济良性发展，包括以下形式：

（1）引进稀缺要素。生产者在产品生产、产业发展过程中，往往自身只具有某些生产要素，缺乏别的生产要素，因而必须依靠引进，才能使生产、经营活动运转起来。

（2）补足加快发展和扩大经济规模所需的各种生产要素。由于物质形态的要素均可由货币资本转换而来，因而补足要素常体现为引进资金，体现为各种投资、贷款、援助、财政转移支付等。改革开放 40 多年以来，我国经济发展取得了令人瞩目的成就，其中实行对外开放，大量引进外资功不可没。

（3）通过商品进口减少对稀缺生产资源的依赖。对自身需要较少且生产要素稀缺的商品，则可以通过进口的办法，以降低生产成本，提高生产要素配置的效益。

3. 输出生产要素

输出生产要素，就是将生产者自己的生产要素输出，盘活闲置生产要素，产生新的经济效益，主要形式如下：

（1）输出劳务。一些地区由于缺乏资金、技术、经营管理人才，甚至缺乏自然资源，引进生产要素又较为困难，而大量劳动力又无法与生产资料结合并形成生产经营活动。因此，发展经济最为直接和有效的一个途径，就是把富余劳动力从本地区转移出去，与其他地区的生产要素结合，创造新的经济价值，提高经济收益。

（2）输出管理和技术。在管理和技术方面积累了一定优势的农村，可以通过开展经济交往与合作，输出管理与技术，与外部的劳动力、资本、土地等要素进行配置，或弥补自身在劳动力、资本、土地要素上的不足，或利用别人较为廉价的物质生产要素，获取更高的经济效益。

（3）输出生产资料。将富余或暂时闲置的、一时难于派上用场的生产资料，以及具有竞争优势的生产资料输送出去，从而创造价值，获得收益。

第三节　农村自然与土地资源管理

一、农村自然资源的管理

农村自然资源主要包括以下方面：由光照、温度、降水等因素构成的气候资源；由降水、地表水、地下水构成的水资源；由地貌、土壤肥力、土壤植被等因素构成的土地资源；由各种动物、植物和微生物构成的生物资源；由各种可开采矿物组成的矿产资源；由自然景观人文景观组成的旅游资源；以及农村能源等。为了维护良性循环的生态系统，使农村生产生活与自然环境的关系达到和谐，必须对自然资源进行管理。

（一）农村自然资源管理的特点

（1）农村自然资源管理必须因地制宜。我国地大物博，农村在自然资源管理上，需要突出当地的重点，采用不同的方法。西北地区日照强，但降水少，有效利用水资源常常是农村发展的重点；山区矿产资源丰富，合理开发利用矿产资源往往关系到农村的发展；南方生物资源丰富，农村特别需要利用好当地丰富的动植物资源；沿海台风频繁，防灾成为发展的重要环节。即使在同一个地区，各村的自然资源也有很大的不同，在管理中需要根据本村的条件突出重点。

（2）农村自然资源管理需要通盘考虑。在自然资源管理中，除了考虑利用自然资源带来的对本村的影响和变化外，还要考虑对周边农村和城市，以及对整个生态环境系统的影响。如为了防范沙尘暴，国家启动了三北防护林工程，要求三北地区的农村发展要与国家防护林建设等工程结合起来；青海三江源地区是长江、黄河的源头，这一地区的农村发展要以生态涵养、水源涵养为主。农村自然资源管理中除考虑当地生产与生活外，还要考虑国家的要求和利益，要承担更多的责任。

（3）农村自然资源管理需协调各种关系。我国多数农村人多地少，在自然资源利用时常常涉及各方面的利益关系，除了村民间的关系外，还常常需要协调与周边农村的关系。如我国北方不少地区水资源短缺，对于用水量的调配往往涉及各方面的关系，村与村之间水的分配、村内水的分配等都是关系村民切身利益的重大问题，管理者需要有处理这些关系的能力。农村开采矿产资源，有时也会涉及几个地区之间的关系，处于河流不同地段的农村有时还需要解决上下游产生的污染等问题。在部分农村，协调各种关系常常成为自然资源管理等的重点和中心。

（二）农村自然资源管理的内容

自然资源管理是农村经济管理者采取一系列手段对自然资源的开发、使用、治理和保护所进行的有效控制或干预，使其得到合理利用的过程，主要包括以下工作：

（1）掌握自然资源的信息。有效和正确的管理需要建立在全面、准确、详细的掌握相关情况的基础上。农村经济管理者虽然长期生活和工作在当地，对本地资源有一定的了解和认识，但要认识多年的气象资料、周边的水文资料与地质条件、当地的动植物资源详情和微生物资源、当地的矿产资源的全面情况等，不花费一定的精力是不可能做到的。特别是农村经济管理者除了掌握本地的情况外，还要了解本村自然资源在市场条件下的竞争状况。掌握自然资源情况，既需要农村经济管理者的努力，也需要长期的资料积累，需要建立制度。

（2）统一自然资源管理的目标。对于村中的自然资源，不同的人从不同的角度会有不同的认识。为了用好农村的自然资源，需要统一全村利用自然资源的目标，保持相对一致的行动。为使农村长期持久发展，要统一把对自然资源利用的目标建立在农村的长期可持续发展的基础上，切不能只考虑短期的收益和眼前的利益。

（3）制订自然资源利用的规划。在市场经济条件下，农村对自然资源的利用既要考虑本村的能力，又要考虑市场的需求。要将两方面结合起来，需要较长时间的努力，需要有周密的安排。为此，需要在农村规划工作中考虑自然资源的开发和利用，通过基础设施的建设、科学技术的引进，以及各方面条件的创造，提高农村对自然资源的利用能力。

（4）加快科学技术的进步。我国农村经济和社会要持续发展，加上人口的增长等，农村人均自然资源的数量会不断减少。在人均自然资源减少的同时，一方面要提高生产和生活的水平；另一方面要保持良好的生态环境。要达到上述两方面的目标，沿用传统的方法是不可能的，需要加快科学技术的进步，不断提高农村利用自然资源的水平与能力。

（5）争取和利用好国家投资。为促进农村发展，对于农村中的农业生产、水利设施建设、植树造林、水土保持、新能源开发、环境和生态保护等投资很多，需要更好地争取和利用。

二、农村土地资源的管理

（一）农村土地资源管理的原则

土地作为重要的生产资料，需求日趋紧张。为了保障农村经济社会的持续发展和农民的切身利益，应坚持以下原则：

（1）因地制宜的原则。土地利用同时受自然规律和经济规律的支配，土地利用布局的形成和调整同样也受自然因素和经济因素的支配和影响。自然条件和经济社会条件的空间分布存在明显的地域差异，土地利用也就存在着地域性特点，因此要全面分析农村土地的自然条件和经济社会条件，找出区域内土地利用中的优势和不利因素，进行农村土地的利用规划布局与管理。

（2）持续利用的原则。土地利用的持续性，可以认为是人地关系的协调性在时间上的扩展，这种协调性应建立在满足人们的基本需求和维持土地系统的生态性要求上。在进行农村土地资源管理时，要立足于土地资源的持续利用和生态环境的改善，保证农村经济社会的持续发展，谋求生态、经济、社会的协调统一与同步发展，以达到土地资源利用的整体优化。

（3）优先耕种的原则。耕地保护是我国的一项基本国策。所以在进行土地资源管理中，应坚持优先考虑农业生产用地。在管理农业用地时，应坚持优先考虑耕地的原则，在充分考虑土地适宜性的基础上做出选择。

（4）专业化生产原则。农业生产专业化就是要求以单位土地面积上可能获得的纯收益作为分析手段确定农业的专业化方向，而不是像传统的农业布局理论只考虑距离的因素。所以在进行农村土地资源管理时，应充分考虑地区间的比较利益，建立合理的地区农业分工体系。

（二）农村土地资源管理的重点

（1）制订切实可行的农村土地利用规划。制订切实可行的土地利用规划，有利于提高土地利用率，合理集约用地，保持农村经济的持续发展。掌握农村土地的利用情况，在充分听取和采纳群众意见和建议的基础上，做到整体有序地规划利用土地资源。制订年度土地利用计划和村容整改计划，立足现有土地资源，对于闲置房屋或者闲置土地，在征得农民本人同意的前提下进行拆除或改建，并在符合年度总体用地计划的前提下，引进一些有发展前景的项目，以增加农民的收入。

（2）严格控制乱占耕地和对耕地的不合理利用。耕地的保护对于提高粮食产量，保障农业生产，增加农民收入具有重要意义。因此应该大力保护农田和耕地，严格限制盲目圈地划地、违规挖建鱼塘等破坏耕地的行为。要实行最严格的耕地保护制度，完善农村集体土地产权制度，保护农民群众的土地权益，充分调动广大农民保护耕地的积极性；要建立和完善耕地保护目标责任制，实行建设占用耕地与补充耕地的项目挂钩制度，推进耕地储备制度的建立；要合理确定各项非农业建设用地的规模和布局，扩大建设用地规模，以保证耕地的总体面积，提高土地利用率。

（3）规范和完善农村土地补偿制度。规范和完善农村土地补偿制度，要建立能够全面、真实反映土地资源价格、资本价格和社会保障价格的科学的地价评估体系，为土地征用补偿提供价格依据。对征用农村土地的补偿，要充分考虑农村集体经济组织和农民的土地发展补偿、未来收益补偿、社会保障补偿，以及劳动力的安置等因素，严格执行政府统一征地制度和征地费用标准，确保被征地农民依法获得合理的补偿和有效的安置。要公开征地程序、补偿安置费用标准及使用管理情况，严格实行土地征用公示制度和听证制度，保障农民的合法权益。

（4）健全有效的农村土地流转机制。明确农民的主体地位，是建立“平等协商、自愿有偿”土地流转机制的关键。土地流转应由农民自主决定，不应强迫、阻碍农民依法流转承包地。要在追求规模效益的前提下，建立健全有效的土地流转机制，加快推进农村土地的集约化适度规模经营。要以市场为导向，坚持多样化的土地流转形式，因地制宜，推进农村土地的有序流转。

（5）预防地质灾害。地质灾害对土地的破坏是极为严重的，要加快对开矿的整顿工作，确保科学合理开矿，保护植被和自然生态环境。加强对地质灾害知识的普及和教育，使农民群众增强科学意识，合理用地。完善地质灾害的检测体系，为新农村建设提供有效的地质服务。

第四节　农村经济组织与财务管理

一、农村经济组织管理

（一）农村集体经济组织管理

农村集体经济组织是以土地为中心，以农业生产为主要内容，以行政村或村组为单位设置的社区性合作经济组织。农村集体经济组织作为我国农村一种最普遍的合作经济组织，在保障农民家庭经营发展和促进农业发展方面做出了巨大的贡献。农村集体经济组织建设要以尊重农民意愿为前提、以村集体经济发展现状为基础、以发展壮大集体经济实力为目标，积极探索适合农村集体经济发展的组织形式。

1. 探索创建新的农村集体经济组织形式

（1）明确界定集体经济组织成员与非成员。集体经济组织成员是参加集体分配的基本条件，集体经济组织成员资格的界限是：组织成员的户籍关系应当登记在本村，并执行本集体经济组织成员的村民会议、农户会议或村民代表会议决议，履行成员应尽义务；按国家户籍管理规定本人及其子女落户地有两处以上选择、成员资格有争议的，经本集体经济组织成员的村民会议、农户会议或者村民代表会议讨论，应到会人员的 2/3 以上同意接收、确认其为本集体经济组织成员。集体经济组织内部按人口平均发包土地、分配土地收益以及进行其他集体分配时，遇成员结婚或者其他情况，按国家户籍管理规定只能将本人及其子女户籍关系登记在本村的，应确定为户籍所在地集体经济组织成员。

（2）根据各村集体经济实力建立不同的集体经济组织形式：①对经济实力雄厚、人均耕地面积较少的村，可以试行股份合作制改革，在清产核资的基础上，建立农村股份制经济合作组织，根据村经济合作组织成员的人口、劳动贡献等因素，把货币资产和固定资产量化到人，组建管理和经营机构，实行公司化运营、企业化管理，按股分红，确保村集体资产保值增值；②对集体经济实力较好的村，要建立独立于村民委员会之外的农村集体经济组织，充分发挥农村集体经济组织的管理和服务职能；③对经济实力薄弱的村，一般继续沿用目前由村党支部或村民委员会代行村集体经济组织职能的组织形式。

2. 加大农村集体经济体制的改革力度

改革农村集体经济管理体制，划分村集体经济组织与村委会的职责，明确村委会出资所有权与村办企业法人财产权的关系，实现集体资产收益与村组织收入分账管理。积极推进产权制度改革，按照“归属清晰、权责明确、保护严格、流转顺畅”的原则，逐步建立农村集体经济的现代产权制度。在产权构成上，既可以由劳动群众共有，也可以由劳动者按股份所有。在分配方式上，鼓励各种生产要素参与分配。强化资产管理和资本经营，对村集体经济组织的存量资产，在留出一定数量的社会保障资金后，可以量化到集体经济组织的成员。

3. 加强农村财务民主监督和审计监督

进一步规范和完善村务、财务公开制度，特别是一些集体经济收支行为较多的村，要建立村级财务审计制度，对主要村干部实行经济责任审计。实行民主决策、科学决策制度，重大事项必须由村民大会或村民代表会议一事一议。建立民主理财制度，对集体经济组织的财务收支活动实行民主监督和管理。民主理财小组接受镇（乡）农经站的指导，有权审查集体的各项收支并否决不合理开支，有权检查监督集体经济组织的各项财务活动，有义务协助镇（乡）农经站对集体财务工作进行审计。农经站、审计监督部门要切实加强对村级财务的审计监督，以经常性审计、专项审计和干部离任审计为主，对镇（乡）、村干部任职期间违反规定给集体造成损失，或群众反映强烈的农村集体财务管理问题应进行重点审计。

4. 探索农村集体经济发展的新道路

进一步巩固和完善以家庭承包经营为基础、统分结合的双层经营体制。在提升家庭经营的基础上，充分发挥集体统一经营优势，加强民主管理，理顺分配关系，增强发展活力。积极发展股份合作制经济，把农民劳动合作与社会资本、技术、管理合作结合起来，把土地、山林资源优势与商品开发结合起来，通过对传统集体经济进行股份制改造、新办经济实体，优化生产要素配置，盘活存量，引进增量，不断壮大农村集体经济实力。大力发展新型合作经济，引导村集体与基层农技组织、基层供销社、农业龙头企业、专业大户等开展合作，发展技术指导、信息传递、物资供应、产品加工、市场营销等各类专业合作社、专业协会和专业中介组织，实现农村集体经济向多层次、多领域延伸和扩张。

5. 营造发展农村集体经济的良好环境

采取有效措施化解乡村不良债务。要全面清理乡村各种债权、债务和担保金额，对清理出的不良债务要通过多种途径有效化解。对村集体因发展社会事业产生的债务，区、镇（乡）财政要在全面清理的基础上，筹集一定数额的资金，有计划地分期偿还。改变忽视集体资产管理和部分资产闲置的现状，积极清收历史欠款，严格控制非生产性开支，把经营情况列入公开的范围，接受集体监督，确保管好、用好资产，防止流失并实现保值增值。兴办各种公益事业和企业要量力而行，村集体未经村民代表大会或村民大会讨论通过，不得举债建设新项目、新办企业和经济实体，坚决制止新的不良债务产生。

6. 加强发展农村集体经济的组织领导

要建立领导干部发展农村集体经济帮扶责任制，把发展壮大农村集体经济作为衡量镇（乡）党政领导政绩的重要内容，定期检查、严格考核。强化农村经济经营管理部门职能，加强对农村集体经济发展的具体指导服务。有关职能部门要紧密配合，为发展壮大农村集体经济提供有效服务，认真解决好集体经济发展中的难点、热点问题。

7. 制订农村集体经济发展总体规划

要把发展壮大农村集体经济纳入当地经济社会发展的总体规划，在深入调查研究的基础上，因地制宜地制订集体经济发展规划，明确发展目标和主要任务，选准发展路子。要认真分析每一个村的发展条件，把扶持的重点放在集体经济发展薄弱村上，按先易后难的顺序加快集体经济发展。规划中要突出重点行业和领域，把发展重点放在为农户做好产前、产中、产后服务；以特色优势农产品为重点，以优质化、专用化、品牌化为主攻方向，发展“一村一品、一村一业”；发展农业龙头企业，重点发展特色农产品加工业和旅游观光业。

8. 加强农村基层组织建设与发展

要切实加强以村党支部为核心的农村基层组织建设，发挥党支部的战斗堡垒作用，形成在村党支部领导下，村委会和村集体经济组织合理分工、各负其责、相互配合的组织管理体系。积极把愿意为群众办事、符合党员条件的农村致富能人吸收到基层党组织中来，发挥他们的带动作用。建立村干部定期培训制度，重点抓好思想政治培训、政策法规培训、经营管理技能培训，不断提高村干部带领农民发展集体经济的本领。

（二）农民专业合作经济组织管理

农民专业合作经济组织是农村经济体制改革中涌现的新生事物，是指农民以某一农业产业或农产品为纽带，以中间组织成员的收入为目的，有同类产品的生产者、为该生产经营各环节服务的提供者和利用者，自愿联合、自主经营、民主管理、自我服务的一种自主性和互助性相结合的合作组织。

1. 坚持原则与多种形式发展

在发展农村合作经济组织必须坚持“民办、民管、民受益”的基本原则以及形式多样、群众自愿、循序渐进、因地制宜、逐步发展的原则。在组建形式上，要依靠农民，动员社会各方面的力量参与发展农村合作经济组织，农村党员干部应成为发展农村合作经济组织的带头人。在实践中，可以完全是农民自办，也可以是国家技术经济部门、事业单位与农民联办，也可以是涉农企业、公司与农民联办。在服务内容上，可以是单项的，也可以是多项的。可根据实力逐步扩大服务领域，举办服务和经营实体。在发展模式上，可以是合作经济组织办龙头企业，也可以是龙头企业办合作组织，或者是采用“公司 + 专业合作社 + 农户”的模式。条件成熟的地方，可以运用股份合作机制，发展跨所有制、跨地区的多种形式的联合与合作，逐步形成上下贯通、纵横交织的合作经济组织体系。

2. 统筹规划与突出重点

围绕农村发展的实际，突出资源和产业优势，逐步建立健全各类专业性合作组织，重点发展专业合作社。一是围绕搞活流通，解决农民买难卖难问题，引导农民重点发展各种购销专业合作经济组织；二是围绕加工增值，提高农业的比较利益，建立各类加工型合作经济组织；三是围绕推进农业科技化，提高科技含量，发展各类专业技术协会、研究会。

3. 做好试验示与典型引路

要以农业结构战略性调整为契机，通过典型示范，以点带面，稳步推进。选择部分村进行农村合作经济组织建设规范试点，积累经验，探索路子，推动面上工作。要善于从现有合作经济组织的实践中认真总结经验，特别要认真总结建立和完善专业协会、专业合作社内部组织制度、民主管理制度和利益分配制度的经验。在此基础上，制定地方性的“合作经济组织示范章程”。同时，合作经济组织还要理顺与乡村合作社、供销社及其他中介组织的关系。

4. 转变职能与加大扶持

各级部门要转变职能，优化环境，努力做好服务；要支持而不要干预，更不要包办代替合作经济组织的生产经营活动；要总结典型，加大宣传力度，积极引导，增强广大干部参与发展农村新型合作经济组织的自觉性和积极性；要加强对农民和企业的培训和教育，使他们提高组织化程度的自觉性，帮助他们成立和经营好农村合作经济组织；尽快出台发展农村合作经济组织的指导性意见，要确定农村合作经济组织的合法地位，在登记注册和法人管理上予以扶持和帮助；要制定扶持政策，在财政支付、税收、贷款等方面，扶持壮大农村新型合作经济组织。

5. 规范强化与指导监督

按照市场经济运行规律，坚持“民办、民管、民受益”的原则；坚持因地制宜、不拘一格、灵活多样的办社原则；坚持开放性的原则，可以在社区范围内兴办，也可跨社区兴办，可以在行业内兴办，也可跨行业兴办。管理部门在积极引导的同时，要依据有关政策、法律、法规，规范其生产经营行为，加强审计监督，保证农村专业合作经济组织健康发展。

6. 规范内部管理制度

建立健全民主管理、民主监督、财务管理、利益分配等各项规章制度，引导其走向规范化、法制化管理轨道。由单纯的技术服务、农产品收购向物资供应、产品加工、储藏、销售等综合服务转变，不断拓宽服务领域。入社会员同农民专业合作社关系由开始时的“松散型”向“紧密型”转变，把农民专业合作社发展成与农民“利益共享、风险共担”的经济利益共同体，逐步实现：①建立自我完善和自我发展机制，处理好服务与赢利的关系；②建立利益分配机制，做到风险共担、利益共享；③建立科学民主的管理机制，完善规章制度，明确会员的权利、义务和议事规则，真正做到“民办、民营、民管、民享”。

（三）农村股份合作经济组织管理

农村股份合作制是在农村原有合作制基础上，实行劳动者的资本联合，把合作制与股份制结合起来的具有中国特色的农业生产组织制度。农村股份合作制组织中的农民具有双重身份，既是劳动者又是股东，因而既能实现劳动合作与资本合作的有机结合，又能实现劳动集体的共同占有和劳动者的个人占有的有机结合，既能继承合作制优点，实现规模经济，又能融入股份制长处，调动各方面积极性。

股份合作制是我国农村改革和农村商品经济发展到一定阶段的必然产物，由于它有着广泛的适应性，所以易于为广大农村干部群众所接受，同时由于效益好于其他产权模式，不少地区将它作为乡镇企业产权改革的主要形式，寄希望通过引入股份合作制进行乡镇企业的第二次创业。对股份合作制所采取的总的方针应当是：扶持与引导并举、发展与规范并举。

（1）加强宣传教育工作。通过电视、广播、报纸、墙报等多种形式，大力宣传股份合作制，实行股份合作制的必要性、可行性，营造一种有利于股份合作制发展的舆论环境。向广大干部群众讲清楚，股份合作制是个人所有制的联合，是完善双层经营体制的一种新型经济组织形式，它只与社会生产力发展水平有关，与私有制或者公有制没有必然的对应联系；实行股份合作制可以调动各方面的积极性，促进生产要素优化组合，提高经济效益，最终使国家、集体、个人各方面都得到好处。同时，要积极稳妥地进行试点和推广工作，通过典型经验让农民切身感受到股份合作制的优越性，引导农民组建股份合作企业。

（2）因地制宜，充分尊重农民的自主选择，积极稳妥地发展农村股份合作制。各地应当根据股份合作制产权组织和经营形式的适应性和局限性，以及不同地区经济发展水平、企业规模等具体情况实行一厂一策，灵活采用股份制和合作制的各种合理成分。在股份合作制的推广中，要做好分类指导工作，防止股份合作制走形变样。尤其是对农民办企业，不能强求一律，更不能将农民财产任意归并，而只能是引导、示范。

（3）科学合理地设置各种股权，明晰产权，弱化集体对企业的控制。取消企业股，将其按原始来源和劳动贡献折股量化到集体和个人。将集体股转为优先股，集体可以获取红利，但不能参与企业的管理。普通股只享有分红权，而优先股则只给予股息，不可同时享有两种权利。

（4）规范资产评估工作，做好清产核资、折股量化工作，保证集体资产保值增值。

第一，要对企业拥有的各项财产进行清点和核对，确定各项财产物资、货币资金、无形资产和债权、债务的实存数，查明账存数与实存数是否相符。

第二，在此基础上，查明其原始来源，按照“谁投资、谁所有、谁受益”的原则，根据具体情况进行量化工作。对主要由职工劳动积累形成的资产，量化给职工个人的比例就应大一些。

第三，对资产主要由投资者资本归并的办法形成的资产，应将大部分量化给投资者。

第四，对资产主要由政府政策优惠或乡村组织投资形成的资产，应少量化到职工个人。当然，职工在享受资产量化的同时，也必须认购相应数量的新股，以免集体资产被侵蚀。

第五，加强各项配套制度建设，为股份合作制的发展创造良好的外部环境。国家应当在全社会范围内明确股份合作制的地位，在其创办初期给予必要的扶持和引导；要逐步兴办农村会计事务所、审计事务所等评估咨询机构，建立一支政治素质高、业务能力强、作风正派和敢于依法办事的资产评估队伍；有关部门应在登记、税收、劳动、人事等方面给予大力支持；乡村社区政府组织并不属于合作经营组织，应减少对企业经营决策的干预，其职能主要是营造一种有利于企业发展的宏观环境，在公共事务方面为企业做好协调服务，同时完成上级下派的各项行政任务。

二、农村财务管理

农村财务管理是对直接归农民集体占有、支配、管理的各种资产所发生的一切收入、使用、分配等财务活动的核算、计划、监督与控制。根据我国农村集体财务管理主体设置的情况，村集体经济组织、代行村集体经济组织职能的村委会及实行村会计委托代理的乡镇会计核算中心是农村集体财务管理的直接管理者。各级农村经营管理部门（县、乡两级一般都叫农经站）是农村财务的业务主管部门。农业部专设农村经济体制与经营管理司，其三大主体职能之一就是做好农村财务管理工作。

（一）农村财务管理的原则

农村财务管理要以发展和保障农村集体经济组织及其成员的物质权益和民主权利为核心，严格按照《中华人民共和国会计法》和相关法律法规的要求，进一步加强和改进农村财务管理工作，形成制度健全、管理规范、监督有力的农村财务运行和管理机制，有效防止农村集体资产流失，维护广大农民群众的利益，促进农村经济社会发展。

农村财务管理工作原则如下：第一，坚持民主管理，推进财务公开和民主制度，增强农民群众民主管理意识和能力，维护农民群众的知情权、参与权、决策权和监督权；第二，坚持示范引导，及时总结经验，树立典型，发挥示范带动作用，提高农村财务管理水平；第三，坚持发展和规范并举，重视集体经济发展的同时，也重视财务管理，以完善财务管理促进集体经济发展，防止集体资产流失，夯实新农村建设的物质基础。

（二）农村财务管理的措施

1.规范农村财务管理规章制度

建立健全和完善规章制度，使农村财务管理有章可循，这是做好财务管理的重要保证，是加强农村财务管理的当务之急。当前重点是要规范农村年度财务预决算制度、村级会计代理制度、村干部工资报酬管理制度等，使财务人员有章可循，通过这些制度来规范农村财务管理中的违法违纪行为，实现农村财务管理的制度化、规范化，提高农村财务管理在实现“双增”和保障农民群众权益中的作用。同时，农村财务管理在执行过程中必须严格遵守规章制度，坚持收支两条线，实行先收后支，杜绝以收抵支、差额报账、坐支现金等现象。乡镇政府要加强对财务制度执行情况的检查监督，要不定期地组织开展财务大检查，防微杜渐。

2. 建立农村财务管理规范模式

建立农村财务管理规范模式的做法如下：一是改进农村财经管理人员的任用或选拔机制，打破村界，逐步实行会计委派。根据实际情况，乡镇政府应将村级财经委员的考核部分改为由财经所进行，财经所面向社会公开招聘村级财务报账员，经培训考核，择优录取，按照异地任职制，委派到各村，实行统一管理，统一要求，统一工资报酬渠道，避免眷属会计的产生，改变只管事不管人的软约束现状。二是明确职责分工，跟进制度落实；明确村级干部和财务人员的责、权、利，规范每个人的行为。三是将“财权”进行适当分解，由一人掌握变为多人交叉掌握，正式发票或收据至少要由两名村干部签字，形成相互制约的机制。

3. 加大农村财务管理监管力度

要全面建立村级财务公开制度，统一规定财务公开时间、内容及格式，并在便于群众观看的公开栏上按季或按月公布财务明细账。建立健全民主理财小组和民主理财办法，对村干部、村出纳或报账员、民主理财小组成员进行全面培训，切实增强基层民主理财能力，促进农村民主理财工作的规范化。为此要强化群众监督，坚持定期公开账目，落实好民主理财制度，把集体财务活动置于群众监督之下；强化业务监督。

乡镇政府要建立有权威的审计组织，加强对农村财务的监督检查，以促进村级财务管理规范化建设；强化纪检监察部门监督，做到各部门紧密配合，协调一致，督促检查；强化民主理财小组监督，村民主理财小组要定期对本村所发生的财务收支进行一次全面审核，对于不合理或未经审核的票据一律拒收拒付，坚决不予报销。

4. 增加农村财务管理领导认识

各级领导干部要端正思想、摆正关系，树立经济越发展，财务管理越重要的观念，改善党群、干群关系，加强民主法制建设，巩固和发展农村安定团结政治局面的大事抓实抓好。稳定财会人员队伍，提高财会人员素质。严格财会人员的任免程序，财会人员确定后，一般不要随意变动。财会人员素质的高低直接影响财务管理质量，这就要求财会人员既具有良好的业务素质，又具有较强的政治观念和职业道德水平，因而要定期对财会人员进行培训和教育，提高财会人员的业务素质和遵纪守法的自觉性。

5. 推行农村财务管理的电算化

各级要把推行农村财务管理电算化，作为加强农村财务管理工作的基础性工作，配备计算机和电话专线，使用统一的农村财务软件，实行村内部联网。村领导可通过计算机随时调阅村的财务资料，掌握村集体资产财务运作情况。在全面实现农村财务会计电算化的基础上，加快推进县、乡镇、村三级财务计算机监管网络建设，实现财务数据的实时传递、查询和监控。加强对财务数据的分析和运用，提高财务核算和会计监督的时效性、联动性。

6. 加强农村财务管理审计工作

落实专项审计经费、相关机构和审计专业人员负责农村集体经济审计工作，重点围绕村级财务收支、土地征用补偿、村级重大项目建设审计和村干部经济责任审计、信访问题专项审计等，严肃查处违法乱纪行为，对查出的问题要按照财经纪律和相关制度的规定予以严肃处理，促进农村集体经济审计的经常化、规范化、制度化。

第七章　现代农村经济发展与创新

我国是农业大国，为了适应经济建设的需要，应对现代农村经济的发展进行有效管理，并且对农村经济管理进行一定的创新，从而更好地促进现代农村的发展。本章重点阐释农村农业产业化经营与部门管理、农村劳动力资源与科学技术管理、农村信息管理与信息化建设以及农村经济管理的创新策略。

第一节　农村农业产业化经营与部门管理

一、农村农业产业化经营管理

（一）农业产业化经营的意义

要保持农业和农村经济的稳定增长，不断提高人民生活水平，只有通过对农业和农村经济结构进行调整、优化，走农业产业化经营道路，才能保持农村稳定，保障农业发展，保证农民增收。农村改革实践进一步明确了推进农业产业化经营的重要性和必要性。

（1）农业产业化经营是农业和农村经济结构战略性调整的重要带动力量。解决分散的农户适应市场、进入市场的问题，是经济结构战略性调整的难点，关系着结构调整的成败。目前，干部和群众对结构调整的重要性和紧迫性虽有一定程度的认识，但农村产业结构、农产品品种品质、农业生产布局等问题还没有从根本上解决。总体上还缺乏明确的规划，不同程度地存在简单模仿外地经验和模式。要使结构调整不断向农业的深度和广度进军，有一点显得十分重要，就是要使千家万户的小生产与千变万化的大市场有机对接起来。

农业产业化经营的龙头企业具有开拓市场、赢得市场的能力，是带动结构调整的骨干力量。从某种意义上而言，农户找到龙头企业就是找到了市场。龙头企业带领农户闯市场，农产品有了稳定的销售渠道，就可以有效降低市场风险，减少结构调整的盲目性，同时也可以减少政府对生产经营活动直接的行政干预。农业产业化经营对优化农产品品种、品质结构和产业结构，带动农业的规模化生产和区域化布局，发挥着越来越显著的作用。

（2）农业产业化经营是实现农民增收的主要途径。增加农民收入是新农村建设的根本目标。农民增收缓慢的内在原因主要是农产品产量持高与农村劳动力相对过剩以及农业生产劳动率和农产品转化加工率较低造成的。发展农业产业化经营，可以有效地延长农业产业链，增加农业附加值，使农业的整体效益得到显著提高，可以促进小城镇的发展，促进农村剩余劳动力转移，拓宽农民增收渠道，增加农民的非农业收入，实现农民分散生产与社会化大市场的有效对接，降低市场风险和交易成本。合理配置各种生产要素和资源，加快提高农业的劳动生产率和比较效益。实践证明，做好产业化经营是增加农民收入的重要途径。

（3）推进农业产业化经营，是培养有文化、懂技术、会经营的新型农民的重要动力。农民是新农村建设的主体，提高农民素质是建设新农村的重要保证。发展农业产业化，对农民的科技文化素质和经营能力提出了新的要求，同时也为新型农民的培养提供了机会，创造了条件。在发展农业产业化的过程中，农民可以学到更多的专业知识，增强市场经济观念，提高各个方面的素质，从而充分发挥新农村建设的主体作用。

（4）农业产业化经营是提高农业国际竞争力的重要举措。大力增强我国农业的国际竞争力，根本出路在于提高农产品质量、档次和卫生安全水准，提高农户的专业化、市场化、组织化程度，提高农业生产经营规模和整体效益。积极推进农业产业化经营的发展，有利于把农业生产、加工、销售环节联结起来，把分散经营的农户联合起来，有效地提高农业生产的组织化程度，尽快扩大我国有比较优势农产品的生产规模，通过龙头企业建立一批符合专业化、标准化生产条件的农产品原料基地，培育一批有国际综合竞争实力的龙头企业。这有利于应对加入世贸组织的挑战，按照国际规则，把农业标准和农产品质量标准全面引入农业生产加工、流通的全过程，创造自己的品牌；有利于扩大农业对外开放，实施“引进来，走出去”的战略，创造一批有较强出口竞争力的名牌农产品，全面增强农业的市场竞争力。

（二）农业产业化经营的内容

农业产业化经营是指以市场为导向，以家庭承包经营为基础，以提高经济效益为中心，以当地的优势资源为依托，依靠龙头企业及各种中介组织的带动，将农业的产前、产中和产后诸环节有机结合，实行多种形式的一体化经营，形成系统内部有机结合、相互促进和利益互补机制，实现资源优化配置的一种新型农业经营方式。一体化经营是农业产业化经营的基本特点，它是一种经营模式，包括横向一体化和纵向一体化。

农业产业化经营采用的是纵向一体化——“贸工农一体化”“产加销一条龙”，即企业结合产品的材料供应、生产和销售等上下环节，发展不同深度的业务，它实质上是指对传统农业进行技术改造，推动农业科技进步的过程。这种经营模式从整体上推进传统农业向现代农业的转变，是加速农业现代化的有效途径，其具体内容包括以下方面：

（1）农业生产专业化。农业生产专业化是指依据客观条件，使农产品生产的全过程实现生产的集约化，以提高劳动生产率，提升其在市场经济中的竞争力。

（2）农业经营规模化。它是指改变我国现行小规模农业经营格局，加快土地流转，促使土地相对集中，扩大农业生产经营规模，以优化土地、劳动、资金、机械的组合取得规模效益的农业经营方式。

（3）贸工农一体化，产供销一条龙。这是农业产业化最突出的表现形式，它是指农业企业集团内部、农业企业之间以及农业企业与非农业企业之间，通过某种经济约束或协议，把农业的生产过程各个环节纳入同一个经营体内，形成风险共担、利益均沾、互惠互利、共同发展的经济利益共同体。

（4）服务社会化。服务社会化基本内容包括产前、产中、产后各个环节上的社会化服务体系。这是农业产业化发展的客观要求。

（5）利益分配机制合理化。发展农业产业化的根本目的就是要保护农民利益，增加农民收入。由于农户处于弱势地位，一般难以得到正常的利润，而农业产业化则可以打破这种不合理的利益分配机制，通过农工商一体化经营，使农户也分享到农产品在加工、流通过程中增值的平均利润，从而实现农户的收入增长。

（三）农业产业化经营发展措施

加快农业产业化经营发展要以农业增效、农民增收和农村稳定为目的，坚持以发展效益农业为中心，以市场为导向，以培育有竞争优势和带动能力的龙头企业为重点，以提高农业生产的市场化和组织化程度为基础，以科技创新和重大先进适用技术的推广为动力，以建立与国际市场相适应的农产品质量标准和检测检验体系为保障，全面提高农业产业化经营水平，使我国农业和农村经济上一个新台阶。

1. 处理好产业化经营中的关系

农业产业化经营是个系统化的工程，涉及农村众多利益主体，要做好农业产业化，必须处理好以下关系：农业产业化经营与家庭承包经营的关系；龙头企业与农户的利益关系；农业产业化经营与乡镇企业改造升级和小城镇建设的关系；政府和龙头企业的关系；农业产业化经营与提高社会化服务水平的关系。

2. 扶强扶大农业龙头企业

农业产业化经营的龙头企业肩负着开拓市场、科技创新、带动农户和促进区域经济发展的重任，其经济实力的强弱和带动能力的大小，决定着农业产业化经营的程度、规模和成效。扶持龙头企业就是支持农业，扶持农民。扶持农业龙头企业要充分考虑不同地区、不同产业、不同发展阶段的特点和实际，实行分类指导、重点扶持，培育、催生农业龙头企业，把龙头企业“扶强、扶优、扶大、扶特”。逐步把由政府和部门建设的示范基地转变成在政府规划引导，由龙头企业作为运作主体实施的农产品基地。鼓励国有企业、工商业主、个私经济等多种成分通过多种途径创办农业龙头企业。同时，还要提高农业龙头企业参与国际竞争能力，引导同类农业龙头企业通过商会、协会等途径组建行业协会，实行行业自律，提高参与市场竞争的组织化程度。

3. 完善农产品市场体系

良好的市场环境和完善的市场体系是农业产业经营发展的客观需要。我们要建成布局合理、产销结合、公平竞争、统一开放的农产品市场体系，进一步扶持市场发挥服务功能。重点支持市场基础设施建设和信息化系统建设，建立多元化的市场价格、供求信息采集、整理和发布系统，为农民、经营户、管理部门提供信息服务。逐步建立农产品市场准入制度，加强市场开拓。加大农产品贩销大户、经纪人队伍培育，以市场为依托，通过组建农产品贩销户行业协会的途径，提高农产品经营户的组织化程度。以市场为中介，通过举办农产品展销会，牵头与大中城市市场建立业务关系等多种途径，扩大农产品对外宣传，提高市场知名度，使更多的农产品走向国内外市场。

4. 大力发展农业专业合作组织

结合本地情况，制定示范章程，鼓励和支持发展多种形式的农民专业合作经济组织，规范农村专业合作经济组织内部组织建设。明确专业合作经济组织的业务指导部门和确认部门，形成统一指导、多部门多形式兴办的格局，继续扩大试点范围，总结成功经验，逐步加以推广。按照民办、民管、民受益的原则，积极稳妥地发展各种形式的农产品行业协会，把转变政府职能同加强行业协会自身建设紧密结合起来，充分发挥行业协会在产业服务、行业自律等方面的作用。加大对专业合作经济组织的支持力度，在财政、税收、用地、用电等方面给予优惠政策。加强监督管理，使各类中介组织真正成为连接农户与龙头企业，农户与市场的桥梁和纽带，对农村经济的发展发挥最大作用。

5. 完善和创新利益联结机制

在坚持家庭承包经营基础上，鼓励和引导龙头企业与基地和农户建立稳定的产销协作关系和多种形式的利益联结机制。大力发展订单农业，积极支持有条件的龙头企业在收购农产品时，确定最低收购保护价，将部分加工、销售环节的利润返还给农户，促进龙头企业与农户形成相对稳定的购销关系；积极鼓励龙头企业通过股份制、股份合作制等形式，与农户在产权上结成更紧密的利益共同体，形成“自愿互利、利益均沾、风险共担”的新机制，保护企业和农户的利益，充分发挥龙头企业对农民增收的带动作用。

6. 努力提高产业化科技水平

科技进步是农业产业化经营发展的内在动力。加大新品种研究开发、引进、繁育和推广力度，改善产品结构，提高产品品质，发展名特优新稀农产品。加强农产品质量管理，确保农产品质量安全。发挥农业龙头企业优势，支持重点农业龙头企业建立技术研究开发机构，实行产学研结合，农技人员、科研单位参与农业产业化经营。

7. 积极开拓国外市场

进一步改善农业投资环境，加大农业招商引资力度，积极引进国外良种、技术、设备、资金、人才及经营管理经验，实现与国际水平接轨。进一步完善出口机制，重点扶持和发展外向型加工、流通龙头企业，建设一批有较强竞争力的农业出口产业。积极支持农业龙头企业自营出口，建立出口创汇农产品生产基地，参与国际竞争，鼓励有条件的龙头组织跨国经营，开发农产品原料基地和兴办农产品加工企业。加大我国农产品对外宣传力度，使我国更多的农产品销往国内外市场。

8. 加强对农业产业化工作的管理

农业产业化工作是一项系统工程，难度大，涉及部门多。要切实加强对农业产业化工作的领导，从上到下，加快建立农业产业化工作领导和职能机构，要明确职责，加快落实。要把农业产业化工作纳入各级政府、有关部门目标考核体系的重要内容。各级政府部门对出台的扶持农业产业化经营的政策要进行督查，确保及时落实到位，产生效益。

二、农村农业产业部门管理

农业是以有生命的动植物为主要劳动对象，以土地为基本生产资料，依靠生物的生长发育来取得动植物产品的社会生产部门。

（一）农村农业产业分类

根据农业生产结构划分，农业分为种植业、林业、畜牧业、渔业和副业。

1. 种植业

种植业即狭义农业，是指栽培各种农作物及取得植物性产品的农业生产部门。种植业是农业的主要组成部分之一，主要包括粮食作物、经济作物、饲料作物、绿肥作物及蔬菜、花卉等园艺作物。种植五谷，其具体项目，通常用“十二个字”即粮、棉、油、麻、丝（桑）、茶、糖、菜、烟、果、药、杂来代表。有粮食作物、经济作物、蔬菜作物、绿肥作物、饲料作物、牧草等。就其本质而言，种植业是以土地为重要生产资料，利用绿色植物，通过光合作用把自然界中的二氧化碳、水和矿物质合成有机物质，同时，把太阳能转化为化学能贮藏在有机物质中，它是一切以植物产品为食品的物质来源，也是人类生命活动的物质基础。种植业特别是其中粮食作物生产的发展对畜牧业、工业的发展和人民生活水平的提高，有着十分重要的意义。中国种植业历史悠久，在农业中所占比重大。正确处理种植业与其他各业的关系，正确确定种植业内部各类作物的种植比例是合理利用土地、加快农业发展的重要条件。

2. 林业

林业是指保护生态环境和生态平衡，培育和保护森林以取得木材和其他林产品、利用林木的自然特性以发挥防护作用的生产部门，是国民经济的重要组成部分之一。林业包括造林、育林、护林、森林采伐和更新、木材和其他林产品的采集和加工等。发展林业，除可提供大量国民经济所需的产品外，还可以发挥其保持水土、防风固沙/调节气候、保护环境等重要作用。

林业在国民经济建设、人民生活和自然环境生态平衡中，均有特殊的地位和作用。世界各国通常把林业作为独立的生产部门，在中国属于大农业的一部分。林业生产以土地为基本生产资料，以森林（包括天然林和人工林）为主要经营利用对象，整个生产过程一般包括造林、森林经营、森林利用三个组成部分，也是综合性的生产部门。林业生产与作物栽培、矿产采掘等既有类似性，又不相同。它具有生产周期长、见效慢、商品率高、占地面积大、受地理环境制约强、林木资源可再生等特点。林业生产的主要任务是科学地培育经营、管理保护、合理利用现有森林资源与有计划地植树造林，扩大森林面积，提高森林覆盖率，增加木材和其他林产品的生产，并根据林木的自然特性，发挥它在改造自然、调节气候、保持水土、涵养水源、防风固沙、保障农牧业生产、防治污染、净化空气、美化环境等多方面的效能和综合效益。

3. 畜牧业

畜牧业是指用放牧、圈养或者二者结合的方式，饲养畜禽以取得动物产品或役畜的生产部门，它包括牲畜饲牧、家禽饲养、经济兽类驯养等。畜牧业是农业的主要组成部分之一。农业的重要组成部分，与种植业并列为农业生产的两大支柱。发展畜牧业必须根据各地的自然经济条件，因地制宜，发挥优势。畜牧业主要包括牛、马、驴等家畜家禽饲养业和鹿、貂、水獭等野生经济动物驯养业，它不但为纺织、油脂、食品、制药等工业提供原料，也为人民生活提供肉、乳、蛋、禽等丰富食品，为农业提供役畜和粪肥。故做好畜牧业生产对于促进经济发展，改善人民生活，增加出口物资，增强民族团结都具有十分重要的意义。

发展畜牧业的条件是：自然条件适宜，即光、热、水、土适合各类牧草和牲畜的生长发育，草场面积较大，质量较好，类型较多；有一定的物质基础，生产潜力很大，能做到投资少、见效快、收益高；广大农民具有从事畜牧业生产的经验和技能等。畜牧业的类型很多，其中按饲料种类、畜种构成、经营方式，可分为牧区畜牧业、农区畜牧业和城郊畜牧业。

4. 渔业

水产业即渔业，是指捕捞和养殖鱼类和其他水生动物及海藻类等水生植物以取得水产品的社会生产部门。一般分为海洋渔业、淡水渔业。渔业可为人民生活和国家建设提供食品和工业原料。开发和利用水域，采集捕捞与人工养殖各种有经济价值的水生动植物以取得水产品的社会生产部门，是广义农业的重要组成部分。按水域可分为海洋渔业和淡水渔业；按生产特性可分为养殖业和捕捞业。

渔业还包括以下内容：第一，直接渔业生产前部门。渔船、渔具、渔用仪器、渔用机械及其他渔用生产资料的生产和供应部门。第二，直接渔业后部门。水产品的贮藏、加工、运输和销售等部门。渔业生产的主要特点是以各种水域为基地，以具有再生性的水产经济动植物资源为对象，具有明显的区域性和季节性，初级产品具鲜活、易变腐和商品性的特点。渔业是国民经济的一个重要部门。

5. 副业

副业一般指主业以外的生产事业。在中国农业中，副业有两种含义：一是指传统农业中，农户从事农业主要生产以外的其他生产事业。在多数地区，以种植业为主业，以饲养猪、鸡等畜禽，采集野生植物和从事家庭手工业等为副业。二是在农业内部的部门划分中，把种植业、林业、畜牧业、渔业以外的生产事业均划为副业。

中国有丰富的副业资源，充分利用剩余劳动力、剩余劳动时间和分散的资源、资金发展副业，对于增加农民收入、满足社会需要和推动农业生产发展都有重要意义。副业生产，特别是其中的采集和捕猎对自然资源的状况影响较大。因此，发展副业时，注意保护自然资源和维护生态环境十分重要。

（二）农村农业部门经济管理

下面主要以林业、畜牧业、渔业部门管理为例，探讨农村农业部门经济管理。

1. 林业部门经济管理

（1）森林采伐管理。森林采伐更新要贯彻“以营林为基础，普遍护林，大力造林，采育结合，永续利用”的林业建设方针，执行森林经营方案，实行限额采伐，并采用森林采伐许可证管理制度，发挥森林的生态效益、经济效益和社会效益的作用。

第一，林木采伐许可证管理。采伐林木必须申请采伐许可证，按许可证的规定进行采伐；农村居民采伐自留地和房前屋后个人所有的零星林木除外。

第二，采伐森林和林木的规定，包括：成熟的用材林应当根据不同情况，分别采取择伐、皆伐和渐伐方式，皆伐应当严格控制，并在采伐的当年或者次年内完成更新造林。防护林和特种用途林中的国防林、母树林、环境保护林、风景林，只准进行抚育和更新性质的采伐。特种用途林中的名胜古迹和革命纪念地的林木、自然保护区的森林，严禁采伐。

第三，森林采伐实行限额管理。国家所有的森林和林木以国有林业企业事业单位、农场、厂矿为单位，集体所有的森林和林木、个人所有的林木以县为单位，制定年森林采伐限额，由省、自治区、直辖市人民政府林业主管部门汇总、平衡，经本级人民政府审核后，报国务院批准；其中，重点林区的年森林采伐限额，由林业主管部门审核后，报国务院批准。采伐森林、林木作为商品销售的，必须纳入国家年度木材生产计划，但是，农村居民采伐自留山上个人所有的薪炭林和自留地、房前屋后个人所有的零星林木除外。

（2）木材经营的管理。经营木材需要符合下列要求：

第一，在林区经营（含加工）木材，必须经县级以上人民政府林业主管部门批准。木材收购单位和个人不得收购没有林木采伐许可证或者其他合法来源证明的木材。

第二，从林区运出非国家统一调拨的木材，必须持有县级以上人民政府林业主管部门核发的木材运输证。重点林区的木材运输证，由国务院林业主管部门核发；其他木材运输证，由县级以上地方人民政府林业主管部门核发。木材运输证自木材起运点到终点全程有效，必须随货同行。没有木材运输证的，承运单位和个人不得承运。

第三，申请木材运输证应提交以下证明文件：木材采伐许可证或其他合法来源证明，检疫证明；省、自治区、直辖市人民政府林业主管部门给定的其他文件。符合上述条件的，受理木材运输证申请的县级以上林业主管部门应当在自接受申请之日起3日内发给木材运输证。依法发放的木材运输证所准运的木材运输总量，不得超过当地年度木材生产计划规定可以运输销售的木材总量。

经省、自治区、直辖市人民政府批准在林区设立的木材检疫站，负责检查木材运输；无证运输木材的，木材检疫站应当予以制止，可以暂扣无证运输的木材，并立即报请县级以上人民政府林业主管部门依法处理。

2. 畜牧业部门经济管理

畜牧业是我国农村经济主导产业之一。

（1）动物防疫管理。动物的防疫管理工作主要分为以下部分：

1）疫情的管理。疫情的管理指对动物传染病、寄生虫病等疫情的监测、报告和发布及疫情的控制和扑灭的管理。

2）防疫的管理。国家对动物疫病实行预防为主的方针。《中华人民共和国动物防疫法》规定，国家对严重危害养殖生产和人体健康的动物疫病实行计划免疫制度，实施强制免疫。

3）检疫的管理。检疫的管理主要指动物和动物产品的检疫，动物防疫监督机构要按照国家标准和国务院畜牧兽医行政管理部门的规定对动物及其相应产品实施检疫，由动物检疫员具体实施检疫。

4）防疫的监督管理。防疫的监督管理主要指对动物防疫工作的监督，有动物防疫监督机构对动物防疫工作进行监督。动物防疫监督机构的执行检测、监督任务时，可以对动物、动物产品估样、留检抽检，对没有检疫证明的动物、动物产品进行补验或重验，对染疫或者疑似染疫的动物和动物产品进行隔离、封存和处理。

（2）草原管理。草原管理主要指对我国的草原包括草山和草地的管理，其目的是为了加强草原的保护、管理、建设和合理利用，保护和改善生态环境，管理的主要依据是《中华人民共和国草原法》(以下简称《草原法》)。草原法是保护、建设和合理利用草原的法律保障，是管理草原、治理草原的法律依据，它所确定的国家的草原实行科学规划、全面保护、重点建设、合理利用的方针。

草原的管理工作主要包括以下两个部分：

1）草原的利用管理。草原除了法律规定属于集体所有的外，均属于国家所有，即全民所有。《草原法》规定，全民所有的草原，可以固定给集体长期使用。全民所有的草原、集体所有的草原和集体长期固定使用的全民所有的草原，可以由集体或者个人承包从事畜牧业生产。

2）草原的保护管理。在草原的保护方面，《草原法》的规定更为具体，如国家实行基本草原保护制度；国务院草原行政主管部门或者省、自治区、直辖市人民政府可以按照自然保护区管理的有关规定建立草原自然保护区；县级以上人民政府应当依法加强对草原珍稀濒危野生植物和种质资源进行保护管理；国家对草原实行以草定畜、草畜平衡制度、禁止开垦草原、对严重退化、沙化、盐碱化、石漠化的草原和生态脆弱区的草原，实行禁牧、休牧制度；国家支持依法实行退耕还草和禁牧、休牧等。为了更好地依法做好草原的保护管理，要抓好保护管理工作。

（3）兽药管理。兽药产品具有一定的特殊性，除了涉及产品质量问题外，还有一个很重要的是动物食品的药物残留问题，即动物食品的安全问题，其管理的依据主要是《兽药管理条例》，该条例把兽药的管理权限集中在农业部和省（区、市）两级畜牧兽医管理部门，地县两级畜牧兽医管理部门权限和职责主要包括：贯彻执行《兽药管理条例》以及国家有关兽药药政法规和上一级农牧行政管理机关发布的有关兽药管理规定；行使本辖区兽药生产、经营、使用的监督管理权；调查、处理兽药生产、经营、使用中的质量事故和纠纷，决定行政处罚；向上级农牧行政管理机关反映兽药生产、经营使用中存在的问题。县以上各级农牧行政管理机关负责处理本辖区内违反《兽药管理条例》及其实施细则所规定的兽药案件，对没收的假劣兽药，应会同有关部门并有当事人在场的情况下监督销毁处理。

（4）饲料和饲料添加剂管理。饲料和饲料添加剂是指经工业化加工、制作的供动物食用的饲料，管理的依据是《饲料和饲料添加剂管理条例》。该条例规定，县级以上地方人民政府饲料管理部门负责本行政区域内的饲料、饲料添加剂的管理工作，其主要职责包括以下方面：

1）定期抽查饲料和饲料添加剂产品质量。县级以上地方人民政府饲料管理部门根据饲料、饲料添加剂质量监督抽查工作规划，可以组织对饲料、饲料添加剂进行监督抽查，并会同同级产品质量监督管理部门公布抽查结果。

2）对各种违规行为实施行政处罚。《饲料和饲料添加剂管理条例》规定了对多种违规行为的处罚办法和处罚标准，包括责令停止生产和经营、罚款和吊销生产经营许可证等。

（5）种畜禽管理。种畜禽是指种用的家畜家禽，管理的目的主要是保护畜禽品种资源，保障种畜禽质量，管理的依据主要是《种畜禽管理条例》。该条例规定，县级以上地方人民政府畜牧行政主管部门主管本行政区域内的种畜禽管理工作。对种畜禽质量的管理主要包括两个方面：一是种用畜禽的质量，要符合种用质量标准，要有《种畜禽生产经营许可证》；二是种畜禽的健康要符合兽医卫生标准，即要有《动物防疫合格证》，国内异地引进种用动物及其精液、胚胎、种蛋的，应当先到当地动物防疫监督机构办理检疫审批手续并须检疫合格。

（6）兽医从业管理。兽医是一个特殊的职业，要具备一定的条件。需要规范的兽医从业人员主要是以下两部分：

1）从事动物诊疗活动的兽医，包括民间兽医，应当具有相应的专业技术知识，并取得畜牧兽医行政管理部门发放的《动物诊疗许可证》。患有人、畜共患传染病的人员不得直接从事动物诊疗及动物饲养、经营和动物产品生产、经营活动。

2）国家聘用的动物检疫员，应当具有相应的专业技术知识，具体资格条件和资格证书颁发办法由国务院畜牧兽医行政管理部门规定。动物检疫员取得相应的资格证书后，方可上岗实施检疫。动物检疫员应当按照检疫规程实施检疫，并对检疫结果负责。

3. 渔业部门经济管理

为了加强渔业资源的保护、增殖、开发和合理利用，发展人工养殖，保障渔业生产者的合法权益，促进渔业生产的发展，适应社会主义建设和人民生活的需要，必须加强对渔业的管理。

（1）渔业管理的基本原则。第一，国家对渔业的监督管理，实行统一领导，分级管理；第二，海洋渔业，除国务院划定由国务院渔业行政主管部门及其所属的渔政监督管理机构监督管理的海域和特定渔业资源渔场外，由毗邻海域的省、自治区、直辖市人民政府渔业行政主管部门监督管理；第三，江河、湖泊等水域的渔业，按照行政区划由有关县级以上人民政府渔业行政主管部门监督管理；跨行政区域的，由有关县级以上地方人民政府协商制定管理办法，或者由上一级人民政府渔业行政主管部门及其所属的渔政监督管理机构监督管理。

（2）渔政管理体系建设。依法从事渔业生产，保护渔业资源和生态环境，保证渔业的可持续发展，已为越来越多的渔民群众所理解和接受，为渔业法律、法规的有效贯彻执行创造了有利的环境和条件。渔业行政执法队伍在发展中不断壮大。根据《中华人民共和国渔业法》和有关法律、法规的规定，全国县和县以上渔业行政主管部门和重点渔港均设立了渔政渔港监督管理机构，配备了渔业行政执法人员和执法装备，初步形成了一支统一领导、分级管理的渔业行政执法队伍。建立了渔业资源监测网、渔业环境监测网、近海渔业安全救助通信网等信息系统，为渔业管理提供必要的依据和技术支持。

第二节　农村劳动力资源与科学技术管理

一、农村劳动力资源管理

农村劳动力资源是指农村总人口中具有劳动能力的那部分人口。农村劳动力资源通常包括劳动力资源的数量和质量两方面。农村劳动力资源的数量是指农村中符合劳动年龄并有劳动能力的人数，以及参加劳动但超过或不到劳动年龄的人数；农村劳动力资源的质量是指农村劳动力的体力强弱、技术熟练程度，以及科技、文化水平等。影响农村劳动力资源数量的主要因素有人口总量以及人口的出生率、死亡率、自然增长率、人口年龄构成及其变动、人口迁移等；影响农村劳动力资源质量的主要因素包括遗传营养、教育和自我努力等。

（一）农村劳动力资源管理的特性

农村劳动力资源管理具有以下方面的特性：

1. 间接性与传导性

由于我国农村劳动力就业分散，加上农村居民传统意识比较浓厚，而且农民的经济基础相对较为薄弱，从而使农村劳动力资源管理工作虽然很难做到“面对面”，但由于家人、亲戚、朋友相互关照、互通信息、互相模仿，因此，农村劳动力资源管理工作具有明显的间接性和传导性。

2. 分散性与广泛性

由于我国农村实行的是以家庭承包经营为基础的统分结合的双层经营体制，绝大部分农村劳动力分散在农户家庭，加上大批农村富余劳动力的转移就业，造成农村劳动力的分布更为广泛。此外，农村劳动力就业不受行业、地域分布的限制，这就在客观上要求对其开发利用的思路要更加开阔、广泛。因此，农村劳动力资源管理工作具有显著的分散性和广泛性。

3. 季节性与周期性

由于我国农村劳动力所在的农户家庭在农村都承包有土地，农业又是农村居民生活的基本保障，加上我国农村人均土地面积较小，处于小规模经营状态，从而造成我国大部分农村劳动力兼业。一般而言，农村劳动力在农闲季节外出打工，农忙季节回家务农。再上我国农村春节等节日团聚的传统影响深远，因此，农村劳动力资源管理工作具有鲜明的季节性和周期性。

（二）农村劳动力资源管理的内容

1. 制订劳动力资源开发利用规划

农村劳动力资源的管理，要根据当地农村实际制订切实可行的劳动力资源开发与利用规划。特别是当前要结合深入贯彻党和国家以及各地政府关于进一步加强农村计划生育教育劳动和社会保障、先进文化和精神文明建设，以及进一步做好农民工工作的意见、决定和政策，制订好农村劳动力资源开发规划。

2. 对农村劳动力进行技能培训

要进行农村劳动力资源的培训需求分析、根据培训需求制订规划，并在培训完成后，进行培训效果的评估。在培训过程中要针对不同的人员和学习偏好进行分层次培训，提高受训者主动参与的积极性。从目前来看，农村富余劳动力在城市就业主要集中在加工制造业建筑业、家政服务、交通运输、住宿餐饮、商品销售及物流行业等领域。按照他们所从事职业的不同，大致可以将需要开发的农村富余劳动力资源划分为生产型人力资源、服务型人力资源、技能型人力资源及技术型人力资源等四种类型。

对于生产型人力资源及服务型人力资源而言，主要以体力劳动为主，工资报酬也相对较低，对技术和劳动力素质的要求较低，工作结束后返乡的概率比较高，因此在开发过程中除了要不断巩固他们已有的劳动生产技能之外，还要提高他们的生活技能；但是对于技能型人力资源及技术型人力资源而言，所从事的工作主要集中在专业技术领域，对专业知识及技能的要求较高，工作稳定性强并且报酬也相对较高，将来融入城市的机会要高于生产型及服务型人力资源，因此要重点强化四个方面的基本技能：一是专业技术知识和技能，主要指能够适应工业化需求的专项劳动技术与能力；二是信息化知识和技能，主要指能够适应现代社会信息沟通与交流的技术手段，如计算机操作技能、网络应用技能等；三是法律知识和技能，主要指能够运用法律武器维护自身权益的基本能力；四是城市生活技能，主要指能够在城市生存与发展的能力，如社会交往能力和自我保护能力等。

3. 发挥农村内部劳动力作用

农村管理者需要了解村内劳动力的利用现状，并积极创造条件，为劳动力资源发挥作用创造条件。一是通过调整生产结构，在现有土地上发挥作用；二是积极联系有关方面，为劳动力进城务工创造条件；三是联系村内外的企业，为劳动力就近找到适合的工作；四是为条件差的劳动力在公益性就业岗位上安排工作。通过劳动力资源管理，使村内劳动力资源充分发挥作用。

4. 提升劳动力资源身心健康水平

提升劳动力资源身心健康水平要做到以下几点：一是做好宣传教育工作，使农村劳动力养成健康文明的生活习惯；二是创造必要的体育活动条件，让村民有体育活动的场所；三是做好村内医疗卫生设施的建设；四是保持村内良好的生产生活环境，消除生产和生活污染；五是大力宣传优生优育，并为其创造相关条件；六是开展健康的文化娱乐活动，培育积极、乐观、向上的精神。

二、农村科学技术的管理

农村科学技术有广义和狭义之分。广义的农村科学技术是指农村生产生活所涉及的科学和技术的总称，是村中人们在生产生活中所遇到和所应用的科学和技术的总和；

而狭义的农村科学技术，是作为农村生产要素的科学技术，是农村生产经营活动中的科学和技术的总称。

科学和技术是两个有联系但又不相同的概念。科学是指人类所积累的反映现实世界各种现象的客观规律的知识体系，是运用范畴、定理、定律等思维形式反映现实世界各种现象的本质规律的知识体系；而技术是人类为实现社会需要创造和发展起来的手段方法和技能的总和，是人们根据自然科学原理和生产实践经验为某一实际目的而创造和发展起来的手段、方法和技能，包括工艺技巧、劳动经验、实体工具与装备等，也就是整个社会的技术人才、技术设备等。

（一）农村科学技术的作用

（1）推动农村生产力发展。现代科学技术的飞速发展并向现实生产力的迅速转化，改变了生产力中的劳动者、劳动工具、劳动对象和管理水平。科学技术为劳动者所掌握，极大地提高了人们认识自然、改造自然和保护自然的能力，提高了生产劳动能力。在生产力系统中，科学技术已经成为推动生产力发展的关键性要素和主导性要素。

（2）促进其他生产要素的节约使用和“催化”其他生产要素充分发挥作用。现代社会随着知识经济时代的到来，科学技术、智力资源日益成为经济发展的决定性要素，其主要是通过科学技术促进其他生产要素的节约使用和“催化”其他生产要素充分发挥作用，从而使经济发展主要靠的是科学的力量、技术的力量。因此，科学技术已成为农村经济发展的第一要素。

（3）引导农村经济实现跨越式发展。当前，科学技术越来越走在社会生产的前面，开辟着生产发展的新领域，引导生产力发展的方向。因此，要重视科学技术对农村经济发展的先导性影响，敏锐捕捉科学技术促进产业发展的新动向，强化农村经济发展的预见性，推动农村经济实现跨越式发展。

（二）农村科学技术管理的内容

作为农村经济管理重要组成内容的农村科学技术管理，就是对农村生产经营活动中的生产要素——科学技术的管理，是指对农村经济活动中为通过促进科学技术创新及其成果转化与应用等发挥科学技术要素的作用而进行的决策、计划、组织、领导和控制，以达到预定目标的过程。具体来讲，农村科学技术管理就是在农村经济活动中遵照科学技术工作的特点与规律，充分利用管理的职能和手段，积极组织技术创新，大力开展技术引进、产品开发和技术推广，促进科学技术转化为现实生产力的过程。

1. 农村科学技术管理的必要性

科学技术是第一生产力。但作为生产要素的科学技术要在农村经济活动中有效地发挥作用，必须对其加强管理。

（1）加强科学技术管理是科学技术工作规律的客观需要。农村经济活动中科学技术要素的选择和使用是重要的科学技术工作。科学技术工作有其内在的规律性，要求在其过程中要按照客观规律办事。因此，为了保证农村经济活动中科学技术工作按照预定目标有序开展，就必须加强管理。

（2）加强科学技术管理是使科学技术转化为现实生产力的重要保障。科学技术是潜在的生产力，只有同生产中的其他生产要素结合，才能转化为现实生产力。因此，在农村经济活动中，要组织和协调科学技术要素与劳动者、劳动资料和劳动对象实现有效结合和最优配合，以获得其最大产出，实际上这就是管理工作，是最为有效的管理。

（3）加强科学技术管理是提高农村经济效益的必然要求。科学技术作为农村生产经营过程中的“催化剂”，其作用是既能促进其他生产要素在使用上的节约，又能推动其他要素最大限度地发挥作用；其结果是节本增收，带来农村经济活动经济效益的提高。但这个过程不是自发的，而要求通过加强科学技术管理来实现。因此，加强科学技术管理是提高农村经济效益的必然要求。

2. 农村科学技术管理的主要工作

农村科学技术管理的内容多，涉及面广，主要有以下方面的工作：

（1）组织和队伍建设：主要包括在农村经济组织中设置和建立科学技术管理机构，组织和培养提高科学技术人员等工作。

（2）编制规划或制订计划：主要包括确定农村经济组织科学技术发展战略，编制农村经济组织科学技术创新与应用长远规划，制订农村经济组织科学技术创新与应用年度计划等工作。

（3）建立规章制度：主要包括建立农村经济组织的科学技术创新制度、新产品开发制度、技术选择与推广制度等工作。

（4）组织开展技术创新与推广应用活动：主要包括组织开展技术培训、技术服务、技术比武，以及群众性的技术革新活动等。

（三）组织农村农业技术推广

1. 农业技术推广的作用

农业技术推广是指通过试验、示范、培训、指导，以及咨询服务等，把农业技术广泛应用于农业产前、产中和产后全过程的活动。农业技术推广对于建设现代农业、促进农民增收、加快农村发展，以至于统筹城乡经济社会发展等都具有十分重要的作用。

第一，农业技术推广对于农业增产、农民增收具有重要意义。在我国耕地面积增长潜力极其有限，甚至在逐年减少的情况下，我国粮食等农作物产量的增加将主要依靠农业科学技术。

第二，农业技术推广是联系农业科研和农业生产的纽带。我国的农业科研体制是由科研部门研制先进的农业科技成果，然后由农业技术推广者负责将这些成果推广给负责农业生产的农民。在这种体制下，农业技术推广者充当了中介人的角色，其将科研机构研制的先进技术推广给农民；同时又在这一过程中，通过与农民接触了解农民的科技需求，并将农民的需要反映给科研机构。因此，农业技术推广连接着农业技术供需双方，是联系农业科研和农业生产的纽带。

第三，农业技术推广是农业科研成果由潜在生产力转化为现实生产力的重要途径。科学技术是一种智能性要素，但不是实体性要素，只有将其与劳动者结合、与生产资料结合、与劳动对象结合，才能将它转化为现实的生产力。

第四，农业技术推广是促进农业技术进步，推动农业现代化的重要手段。农业技术推广使先进的农业技术在农业生产中得以应用，从而不断改善农业生产的手段和装备，同时也使农业生产的经营管理手段不断提高，从而不断推动农业现代化的发展。发达国家实现农业现代化的经验证明，没有发达的农业技术推广，就不会有发达的农业，也就不会实现农业现代化。

第五，农业技术推广是提高农民素质的重要手段。农业技术推广的过程不仅是一个简单的技术转移过程，同时也是不断提高农民素质的过程。在推广农业技术的过程中，推广人员通过与农民的接触、交流、沟通，使农民逐步掌握先进的农业技术、信息，并依据这些技术、信息做出生产经营决策。这个过程不仅使农民的知识、技能得到提高，也使农民的科学意识和观念得到提高。

2. 农业生产中的科学技术

（1）种植业生产中的科学技术。种植业生产中的科学技术，以提高植物产品的品质、产量和效益为目标，主要是在育种、栽培、耕作、土肥、植保、灌溉、设施，以及农业机械化等环节所采用的科学与技术。

（2）林业生产中的科学技术。林业生产中的科学技术，以提高林木覆盖率和林业经济效益为目标，主要是在造林、育林、护林森林采伐与更新、木材和其他林产品的采集与加工等环节采用的科学技术。

（3）畜牧业生产中的科学技术。畜牧业生产中的科学技术，以提高畜产品的品质、产量和效益为目标，主要是在育种、繁殖、饲喂、防疫、兽医等环节所采用的科学技术。

（4）水产养殖业生产中的科学技术。水产养殖业生产中的科学技术，主要包括育种、繁殖、饲喂、防疫及水资源保护和利用等方面的科学技术。

（5）可持续发展农业生产中的科学技术。可持续发展农业生产中的科学技术，主要包括资源节约型农业科学技术、环境友好型农业科学技术、健康营养功能型农业科学技术等。

（6）农业生产中的高新技术。农业高新技术内涵丰富。从较高层次上可以将农业高新技术概括为三大类，即现代生物技术、现代工程新技术和现代管理高新技术。具体而言，农业高新技术至少包括以下六个领域：

第一，农业生物技术，是定向地、有目的地进行农业生物遗传改良和创制的一门高新技术，包括基因技术、细胞技术、酶技术和发酵技术等；

第二，信息技术在农业上的应用，主要包括农业决策支持系统研制与开发、虚拟农业研究、农业信息网络化技术、农业资源管理与动态监测专家系统研制、专业实用技术信息系统及专家系统（如作物种植、动物养殖、生产决策支持系统）的研制，全国共享的农业经济、资源、科技信息网络等；

第三，核农业技术或农业辐射技术，是农业高新技术的一个重要领域，不仅为农作物品种改良创造了一个强有力的技术手段，也为农副产品的延贮、保鲜开辟了一条新的有效途径，同时又为解决一些重大农业技术问题提供了新方法；

第四，设施农业技术，主要指工厂化种植和养殖、计算机农业控制等现代技术设施所装备的专业化生产技术；

第五，多色农业技术，包括绿色农业技术（指生态农业技术和可持续发展技术）、蓝色农业技术（指水产品生产技术和水体农业技术）和白色农业技术（指食用微生物的生产加工技术）；

第六、移植、常规技术组装配套，是指工业和国防等其他行业高新技术向农业的移植，以及各种常规农业技术的融合、交叉、渗透，或者组装与高效配置，组成一个有机复合技术群，从而达到整体大于个别之和的效果。

3. 农业技术推广的程序

（1）项目选择。项目选择是一个收集信息、选定项目、制订计划的过程。收集信息就是要收集与推广目标有关的信息，在此基础上选定一个具体的推广项目，并对之进行设计，制订推广计划。项目选择一定要因地制宜，适合当地当时的情况，既体现先进性，又切实可行。

（2）引进、试验。引进、试验是推广工作的前提和基础。农业生产的地域性使技术的广泛性受到限制。因此，对于选中的新技术、新品种必须经过引进、试验，以验证其对当地条件的适应性。引进、试验一般放在具有公益性质的试验基地进行。

（3）示范。示范是展示所推广技术的优越性，对广大农民进行宣传教育、激发兴趣、转化思想的重要环节，同时还可以进一步验证技术的适应性和可靠性，逐步扩大新技术的应用规模，为大规模推广做好前期准备。示范是迎合广大农民“直观务实心理”特点的有效措施。示范一般在由政府扶持的科技示范户或具有公益性的示范基地进行。

（4）培训。培训是一个技术传输的过程，也是让农民尽快掌握技术要领的过程。通过培训，一方面进一步宣传所推广技术的优越性，激发农民采纳应用该技术的欲望和积极性；另一方面使农民尽快掌握所要推广的技术的使用和操作方法，学会应用该项技术。农民培训，一定要语言通俗浅显，幽默风趣，易懂好记。

（5）推广。农业技术的推广就是大规模使用该项技术。这就要求推广人员要为农民使用此技术提供保障，为随时解决生产实际中所发生的一切问题，开展技术咨询和服务。

4. 农业技术推广的方法

（1）大众传播法。大众传播法是农业技术推广人员按照农业技术推广计划将农业技术和信息经过选择、加工和整理，通过大众传播媒体广泛传播给农民群众的一种推广方法，其具有传播信息量大、范围广、速度快、成本低等优点，可以反复播放，引起农民注意，加深农民的印象。大众传播法比较适宜于介绍农业技术新成果新观点，传递具有普遍指导性、通用性的科学技术信息，发布预测、预报信息，介绍先进经验，解读政策等。大众传播法根据具体媒体的不同，还可以分成印刷品媒体传播、静态物像媒体传播、视听媒体传播和现代多媒体传播等。

（2）个别指导法。个别指导法是农业技术推广人员按照农业技术推广计划有针对性地对农民进行“一对一”技术指导的一种推广方法。其具有针对性强、能直接解决实际问题、双向沟通效果好等优点。但这种方法具有信息传播范围小、成本高、效率低等不足。个别指导法比较适宜于对科技示范户或农村致富带头人所开展的示范进行指导，以及对于文化水平低、接受新技术困难的重点帮扶农户的指导等。个别指导法根据具体指导形式的不同，还可以分成办公室咨询、电话咨询、科技短信咨询、信函咨询、农户访问与访问农户，以及电脑视频互动服务等。

（3）集体指导法。集体指导法又称团体指导法，是指农业技术推广人员按照农业技术推广计划对同一区域生产经营活动相同或相似的农民，集中进行农业技术指导和服务的一种推广方法，是一种介于大众传播法与个别指导法之间的比较理想的方法，其具有传播信息量较大、推广效率较高，且通过“面对面”地交流与辩论，可以澄清推广中模糊认识等优点。但这种方法的缺点是传播共性信息，在较短时间内难以满足每一个人的个性化需求。其比较适宜于较大规模的示范与推广工作。集体指导法根据具体指导形式的不同，还可以分成办培训班、召开观摩会、召开现场会、田间学校培训及分组讨论等。

（4）田间课堂法。田间课堂法是指按照农业技术推广计划把农民集中起来，把要讲授的技术内容安排到田间结合生产实际进行讲解的一种推广方法。其具有结合实际、直观易懂、好学易记等优点。不足之处是受实际情况局限及季节影响大，培训计划的落实困难。田间课堂法比较适宜于新品种、新技术的最初示范和推广。

（5）技物结合法。技物结合法是农业技术推广人员按照农业技术推广计划，以示范推广农业技术为核心，而给农民提供与之配套的农用生产资料和物资，以及相关信息服务的一种推广方法，是近年来新出现的一种行之有效的推广方法，其优点在于拓展了推广服务的领域、易于解决技术推广中的物资配套问题、增加了推广机构或推广人员的经营性收入。其不足之处是容易诱导推广人员“重物资经营”而“轻技术服务”，从而偏离农业技术推广的目标和方向。技物结合法比较适宜于对农用生产资料和物资有特殊要求的农业技术推广工作。

（四）促进农村工业企业技术创新

农村工业生产中的科学技术，通常是指农村工业企业所创造或运用的根据生产实践经验和自然科学原理总结发展起来的各种工艺操作方法与技能。其构成了农村工业企业技术创新的主要内容。

技术创新是指改进现有或创造新的产品、生产过程或服务方式的技术活动，包括开发新产品、采用新工艺，以及使原有产品和工艺发生显著的技术变化等。技术创新通常分为独立创新、合作创新、引进再创新三种模式。实践中，重大的技术创新会导致社会经济系统的根本性转变。

农村工业的技术创新是农村工业企业提高自主创新能力的重要途径。农村工业企业应该围绕自己的主导产业或主导产品高度重视技术创新，建设技术创新队伍，加大技术创新的资金投入，重视技术创新储备，为企业增强自主创新能力奠定基础。

1. 农村工业企业技术创新对象

农村工业企业中，技术创新的对象非常广泛，一般包括以下方面：

（1）产品创新。产品创新包括改造老产品和发展新产品两个方面，它是农村工业企业技术创新的龙头。产品的改造，既要提高产品的使用价值，又要尽可能降低活劳动和物化劳动的消耗；既要简化产品的结构，又要保证产品的质量；既要简化产品的品种规格，又要提高产品的标准化、通用化、系列化水平。发展新产品，必须要有战略眼光，努力做到生产第一代，研制第二代，构思第三代，寻找第四代。

（2）设备和工具创新。设备和工具是农村工业企业进行生产的必要手段，是现代化大生产的物质基础。对现有设备和工具进行创新，主要包括：一是根据生产的不同要求，采用多头传动和一机多用的方法，对原有机械设备进行结构改装或增加附件，扩大设备适用范围；二是开发简易设备，革新生产工具；三是将手工操作改为半机械化以至机械化操作，不断提高机械化、自动化水平；四是开发气动、电动、液动、组合的自动、半自动夹具和先进刀具等。

（3）生产工艺和操作技术创新。生产工艺和操作技术是指在生产过程中以一定的劳动资料，作用于一定的劳动对象的技术组合的加工方法。这方面的创新主要包括：改革旧的工艺和缩短加工过程；用先进的加工方式代替旧的加工方法；创造新的操作方法等。对生产工艺和操作技术的开发，可以迅速提高劳动生产率，缩短生产周期，节约与合理使用原材料，提高产品质量和经济效益。

（4）能源和原材料创新。开发能源是技术创新的重要任务，每个企业都必须高度重视。要千方百计地采取各种有效措施，节约能源，提高能源利用率，其具体措施主要有：狠抓热加工设备及低效锅炉的更新和改造，提高燃料热能的利用效率；采用余热利用措施，积极推广采用节能新技术，如炉体保温、低质燃料利用等。对原材料要综合利用、节约代用和发展新材料等。

（5）改善生产环境及劳动保护。随着科学技术的飞速发展，解决环境污染等问题将越来越迫切。因此，要不断研究和突破变害为利、治理环境污染、改善劳动条件、保证安全生产等难题。这些都是技术创新的重要内容。

2. 农村工业企业新产品开发

研究与开发新产品，改进老产品，是关系到农村工业企业生存与发展的大问题。因此，农村工业企业必须高度重视新产品的开发工作，以质优价廉的新产品满足社会需要，增强企业的市场竞争能力。新产品开发是指从研究选择适应市场需要的产品开始到产品设计、工艺制造设计，以至投入正常生产的整个过程，其实质是为社会推出不同内涵与外延的新产品。新产品开发是企业技术创新的重点内容，也是企业生存和发展的战略核心之一。新产品开发的原则如下：

（1）以市场需求为出发点的原则。企业新产品开发的目的是企业为满足市场的需求，为其提供适销对路的产品，扩大市场占有率，获得经济效益。在市场经济条件下，任何企业的生产经营活动都必须以满足市场需要为出发点，否则企业的生产经营活动将无法取得成功。

（2）符合国家经济技术政策要求的原则。开发新产品一方面要严格遵守国家在不同时期颁布的有关政策、法规和规章；另一方面要开发那些开拓国际市场的新产品，并符合有关国家的政策法令与习俗。

（3）技术适宜的原则。开发新产品，要具备所需要的技术条件，既先进又可行；要适合我国国情，并能获得较好的社会经济效益。

（4）经济合理的原则。开发新产品，就是要以最少的综合费用来实现新产品开发的目标。这里的综合费用，包括两个方面的内容：一是新产品开发与制造费用；二是产品销售费用及产品在使用寿命期内的维护保养与使用费用。

（5）提高"三化"水平的原则。"三化"即产品的通用化、标准化和系列化。通用化是指将生产量大、使用范围广的不同类型或同一类型不同规格的产品零件进行合并简化，使其能在一些产品中通用；标准化是指将零部件通用范围扩大，并规定出标准的规格型号；系列化是指将产品合理分档、分级，排成系列。提高"三化"水平的目的在于减少设计工作量，加速新产品开发和制造过程，便于维修，从而降低使用费用。

3. 农村工业企业技术改造

技术改造是指企业为了提高经济效益、提高产品质量、增加花色品种、促进产品升级换代、扩大出口、降低成本、节约能耗、加强资源综合利用和"三废"治理等，采用先进适用的新技术、新工艺、新设备、新材料等对现有设施生产工艺条件等所进行的改造。企业技术改造的内容非常广泛，归纳起来，主要有以下方面：

（1）改进工艺过程。当产品设计出来之后，生产工艺的先进与否，对于产品质量、性能、消耗、成本等起着决定性的作用。因此，要在保证产品质量和安全生产的条件下，引进和推广新工艺，尽可能简化工艺过程和工艺流程，不断应用先进的操作方法，使生产过程连续化和高速化。

（2）改进和创制新的工具和设备。改进原有工具和设备，创制新的工具和设备，能提高企业生产技术装备水平。要将手工操作的简易工具和设备，改造成为机械化的工具和设备，并逐步实现生产过程的自动化，以提高产品产量和质量，提高生产效率，改善劳动条件，减轻劳动强度。

（3）减少能源和原材料消耗。对那些存在跑、冒、滴、漏等现象的工艺和设备，要采取有效措施迅速加以改造，切实减少能源与原材料消耗，并提高能源与原材料的利用率；要通过工艺和设备的技术改造，实现对贵重原材料的替代，切实降低生产成本，提高企业经济效益；要通过技术改造，提高综合利用废料、废液、废气的能力，减少环境污染，提高资源利用率。

（4）改造厂房建筑和公用工程设施。企业的劳动资料，不仅包括全部工具设备和测试手段，而且还包括企业的厂房建筑和公用工程设施，前者属于劳动手段，后者是保证生产正常进行的重要条件。因此，企业技术改造包括采取必要措施加固、翻修厂房建筑，并按照工艺、设备的要求，对厂房进行局部改造，以及根据工艺流程调整工艺布局等。

第三节　农村信息管理与信息化建设

一、农村信息及其管理

（一）农村经济管理所需信息

有了准确、及时、全面的信息才有可能做出正确的决策。在实际工作中，农村经济管理需要注意掌握以下信息：

1. 农村市场信息

开展农村经济活动，需要了解市场信息。农村市场信息主要包括以下内容：

（1）农产品市场价格信息。我国幅员辽阔，农产品市场价格具有以下特点：

第一，各地差异大。鲜活农产品、特种农产品的价格，各地差异较大。其原因在于：一是各地生产成本不同；二是各地市场供求量不同。由于生产成本和市场供求量是经常变化的，因此产品的市场价格也会随之变化。农村经济管理要随时了解各地市场的价格行情。如果有条件，还需要了解相关农产品的价格行情，通过分析产品的价格行情和成本，寻找营利最大的项目。

第二，价格变化快。从统计分析的结果来看，市场价格变化快的当属鲜活农产品，而青菜的价格又是鲜活农产品中变化最快的。进入21世纪后，虽然蔬菜生产进入专业化、区域化阶段，但蔬菜价格的波动仍然是大的。除了蔬菜外，其他鲜活农产品由于生产的季节性强，保鲜成本高，价格的变化也很快。部分产品不但每天价格不同，而且早晚价格也有变化。

第三，质量差价大。进入21世纪后，我国农产品质量差价逐步拉开，同一农产品因品牌、质量等的不同价格也有很大的差距。农村经济管理者不能简单地了解某一品种的农产品价格是多少，还需要了解在不同的产地品种规格、品牌、质量、等级条件下的市场价格。

第四，变化有一定的规律。看似起伏不定的农产品价格变化主要是供求决定的。在消费需求不变的条件下，生产增长后，价格会下降；在生产不变的条件下，消费需求减少，价格将下降；在消费需求增加的条件下，生产不变，价格将上涨；在消费需求不变的条件下，生产减少，价格将上涨；在消费和生产同时增加时，如果消费增长快于生产的增长，则价格上涨，如果消费增长低于生产的增长，则价格下降；在消费和生产同时下降时，如果消费下降低于生产下降，则价格将下降，如果消费下降快于生产下降，则价格上涨；当消费下降生产增加时，价格将大幅度下降，反之价格将大幅度上涨。掌握上述规律，就可以基本把握市场价格的变化趋势。

（2）农产品市场需求信息。在农村经济活动中，特别需要了解下列市场需求信息：

第一，批发与零售市场的产品需求。产品批发与零售市场是目前农村生产经营单位了解产品市场信息的主渠道。由于需求变化时价格也会相应发生变化，农村生产经营者还可以通过价格信息认识产品需求变化的方向及其程度。

第二，加工企业对原料的需求。有些企业需要的农产品是从市场采购的，这类企业的农产品需求信息可以从市场价格上得到反映。同时，目前也出现了大量与农业生产单位签订合同，委托农业生产单位生产的加工企业。这类企业对于农产品的需求难以从批发与零售市场上直接得到，多数需要从企业的有关信息中得到反映。

第三，直接消费需求。我国连锁企业的发展速度非常快。不少大型连锁企业有自己的生产基地，如比较知名的连锁餐馆肯德基、麦当劳、全聚德，以及欧尚、家乐福、沃尔玛等连锁超市均有自己的生产基地，所用农产品原料大部分通过订单生产。这部分产品的需求数量稳定，价格合理，能够为农村带来稳定的收入。认识这类产品的市场需求，需要相关调查及专业统计。

第四，产品出口的需求。出口农产品一般是采购商直接与农业生产单位联系，或者农业生产单位自行组织出口，在国内农产品市场上很难了解到这方面的信息，但可以从外贸企业，或在有关进出口贸易的统计报表上了解到。

（3）农产品市场趋势信息。产品的价格是由供求决定的，而消费者的需求变化与收入相关。这样我们就可以通过收集有关供求变化和收入变化等信息认识产品市场供求的未来趋势。如在猪肉市场上，母猪的饲养决定仔猪的数量，如果母猪大量减少，未来市场的仔猪必然减少，在一定时期内猪肉的供应也会减少，如果需求不变，将使猪肉的价格上涨。

2. 农村生产条件信息

农村生产受自然条件的影响较大，同时也受到生产资料供应、运输、技术等条件的制约，在决策时还需要掌握这些方面的信息。

（1）农村生产的基本条件。土壤、气候、水文是农村生产的基本条件。了解这些条件需要掌握长时间的资料，需要进行一定的分析，需要有科学的手段。如我国的寒潮往往几年一次，受这种寒潮的影响，南方的一些种植、养殖项目会受到很大影响。

在这类地区生产有关农产品时，掌握寒潮等信息就非常重要。类似的还有台风、洪水的影响等。

在某些产品的种植或养殖中，需要有一定的特殊条件。如决定柑橘甜度的除了温度和日照外，还与土壤中氮磷、钾的比例密切相关，与微量元素有关。种植柑橘时，如果不了解土壤的详细信息，就很难生产出高质量的柑橘。

（2）农村生产的竞争性条件。农村生产经营要取得好的经济效益，就要在市场上有竞争优势，这就需要掌握有关竞争者的信息，主要有以下方面：

第一，竞争者的自然条件。农业生产是自然再生产与经济再生产的结合，拥有良好的自然条件才有生产优势。自然条件的优劣决定了不同地区具有不同的最适合、较适合与不适合生产的农产品，根据相关信息，找到最适合本地生产的农产品，可以获得最好的经济效益。

第二，竞争者的外部经济条件。外部经济条件是指一个区域所形成的对某一产品生产销售的有利条件。当前，农村生产的专业化区域开始出现，在区域中已经形成了对相关产品的科学研究、销售组织、技术培训、生产资料供应、产品对外宣传等条件，而在其他区域内生产同种产品由于缺乏上述外部经济条件，就很难取得同样的经济效益。因此，了解竞争者的外部经济条件，知己知彼，尤为重要。

3. 农村产业发展信息

农村经济管理除需要了解市场，认清竞争者外，还要详细了解与本村产业发展有关的信息。

（1）产品生产总量信息。在需求相对固定的条件下，了解未来产品生产的总量，便于正确预测市场价格的变化。

（2）新品种与新技术信息。当前，我国农业生产的新技术、新品种、新产品不断涌现，合理运用新的技术，及时更换新的品种，在不增加或少增加投入的同时可以明显提高产量和收入水平。由于农业生产受地理条件、气候条件等因素的影响，对哪些新品种、新技术可以用于当地，需要有深入的了解和认识。

（3）服务信息。当前，农村服务项目在不断增加，甚至有些服务项目已经十分普遍，如种植业中的土壤分析、机耕、播种、插秧、机收等，养殖业中的饲料分析、防疫等。农村社会化服务能够提高生产的专业化水平，可以在较低投入的同时获得显著的经济效益，可以解决农村生产经营者的难题。因此，了解服务信息，对农村生产经营十分必要。

（4）相关产品信息。这里的相关产品是指替代产品和相关生产资料。

第一，替代产品信息。日常生产和生活中，农产品可以相互替代，部分工业品也可以替代农产品。可替代产品的供求对市场价格也有很大的影响。替代性最主要的标志是：一种产品的供求发生变化时；另一种产品的供求也发生相应的变化，即在替代产品的供求发生变化时，会影响被替代产品的市场供求，从而使其价格发生相应的变化。因此，了解替代产品信息也很重要。

第二，相关生产资料信息。农业生产资料价格是决定农产品生产成本的重要因素之一，影响农产品的经济效益。因此，对于农业生产资料信息也需要有一定的了解。

（二）农村信息管理工作

农村经济管理者要用好信息，需要做好信息管理工作。

1. 农村信息管理的必要性

（1）管好用好信息才有正确决策。农村生产经营信息往往影响着农村生产经营的经济效益。信息对农村商品生产所起到的显著作用。当前，信息已成为农村经济发展的重要条件。如何从农村的实际出发，进行正确的决策，对于农村经济的发展有着非常重要的作用。然而，正确的决策必须以全面准确反映整个市场变化和农村经济活动的信息为依据。掌握信息和了解情况，是进行农村经济决策最起码的条件，也是决定决策正确与否的基础。

（2）管好用好信息才能沟通城乡联系。市场经济体制下农村经济的发展依赖于日益紧密的城乡联系，不但农产品的销售依赖于城市的需求信息，而且农村工业和服务业的发展以及劳务输出等，都依赖于城乡信息的沟通。农村经济管理者要管好、用好信息，可以在一定程度上缓解农村信息不畅通的问题，促进农村经济的发展。

（3）管好用好信息才能提高效率。当前，世界科技发达、市场广阔，为农村生产经营效率的提高奠定了基础。然而利用好科技进步的成果，打开广阔的市场，先要掌握相关信息。在信息化时代，国家疏通了信息通向农村的渠道，但有关信息真假难辨，有用的信息时常混杂在大量的无用、虚假信息中，农村经济管理者一方面要收集信息；另一方面要管理好相关信息，去粗取精、去伪存真，掌握有用的、真实的信息，从而才能真正加快农村的科技进步，才能真正打开更加广阔的市场。

2. 农村信息管理的特点

（1）农村信息管理要结合农村的实际需要。农村生产经营需要的信息非常具体，仅从通过公共渠道很难找到。需要农村经济管理者的长期努力，通过信息管理，从分析、判断、调查中找到农村发展所需要的有用信息。

（2）农村信息管理要沟通与上级的联系。目前已经建立起多个农村信息系统，各地都建立了农村信息的专业机构，不少乡镇还设立了信息服务站。农村经济管理者要充分利用好上级有关部门提供的条件，加强与有关部门和单位的联系，以缓解农村信息管理力量不足的问题。

（3）农村信息管理要满足农民的多种需求。农村经济管理者既要满足农户生产经营活动中对信息的需求，满足农民外出，包括到境外从事生产经营活动的信息需求；也要满足农民生活对信息的需求，如农民卫生防疫、健康养生、医疗保险，以及文化生活方面的信息等。

3. 农村信息管理内容

（1）建立信息管理的相关制度。农村的情况和条件不同，建立的信息管理制度也不尽一致，主要有以下方面：

第一，历史信息的存档制度。农村中许多重大事件都有文字材料，这些材料既是本村历史事件发展的记载，又是日后工作的重要依据，需要将这些材料分类保管。农村中与外单位签订的合同、与村民签订的合同，以及重要会议的记录、重大事件记载的材料等，都需要通过制度保管起来。

第二，重大信息的收集制度。有些信息对于本村的发展至关重要，而社会上这些信息又相对零乱，农村经济组织对这类信息要建立收集制度。

第三，相关信息的公开制度。目前，不少农村实行了党务、财务、村务三公开的制度，要对农村生产经营信息和需要公开的其他信息，向村民一并公开。在制定信息公开制度时，除公开的内容外，还应包括公开的程序、公开的形式、公开的时间及对信息公开的监督等内容。

（2）落实信息管理的相关人员。为保证信息管理落到实处，农村经济组织需要安排信息管理人员。对于集体经济实力雄厚的农村，可以根据需要安排有关的信息收集小组；对于人口少、集体经济实力弱的农村，也应该安排专人或者兼职人员管理相关信息。信息管理人员要有较高的文化程度和一定的专业能力，而且农村经济组织要为信息管理人员提供必要的条件，以切实完成信息管理的任务。

（3）用好现代信息技术与设备。农村信息管理中要用好现有的各种设备和技术。如有的农村通过群发短信向广大村民公开信息，速度快、效果好、费用省，受到了农民的欢迎；有不少农村还利用上级配给的计算机，开展与有关专家的网络对话和视频交流，解决了生产中的技术问题；也有不少农村通过专业的信息网络，了解农产品的产销信息；还有不少农村支持农民专业合作社发展电子商务也取得了一定的成效。

二、农村的信息化建设

在大数据的时代背景下，我国农村信息化的宏观环境逐渐形成，迎来了难得的发展机遇，农业信息技术的运用进入快速发展期，农业农村信息服务也在不断普及。

（一）加大农村信息化政策体系建设

加强农村信息化政策顶层设计与规划引导是农村信息化工作的重点，利用大数据手段设计农业农村信息化顶层结构，从国家层面统筹和规划大数据资源开发利用，需要先对国际大数据的前沿动态有所了解，分析大数据行业的整体发展趋势，积极研发相关关键技术，再根据我国农业农村发展的具体特点和需求，进一步拓展和深化相关领域。推动现代大数据、互联网、云计算等信息技术与农业产业的生产发展相融合，打造智能化、信息化的现代农业。

（二）完善农村信息化基础设施建设

大数据对于优化农村土地、人力资源配置和解决农民信息不对称问题具有重要作用，要完善农业农村信息化建设，推动社会力量参与进来，首先需要提升农村信息化基础设施水平。大力引进数字政务向基层推进，完善数字农业生产服务系统与经营信息共享系统，以数字农业为抓手，培养一批农业大数据应用示范项目，推进现代农业智慧园建设。整合农民人社、医保、教育等部门公共信息，建立乡村公共服务与社会救助信息共享平台，着力解决农民在市场化经营中面临的信息不对称等问题。

（三）深化农村大数据应用建设

要深化大数据在农业生产经营、管理和服务等方面的创新应用，可以从物联网、云计算、5G 等现代信息技术入手，实现农业生产的精准施肥、智能灌溉等，同时还要积极组织研发适用于该地区农业发展的电子信息技术，实现对农业生产全过程的信息化管理，提高信息化农业装备的引导能力。农村信息化建设是开展农村电子商务的基础，在利用大数据发展农村信息化建设的同时，还要加强农民对电子商务的了解，让他们获取养殖种植技术，提高农村文化素养，延长农业产业链，实现农产品直销，帮助农民从电子商务和农村信息化建设中获得利益，推动我国农村信息化建设快速发展。

（四）加快信息平台建设，做好信息采集

大数据与数据库不同，大数据更注重对信息的整理和挖掘，以及信息共享过程中其自身的价值体现，完善新农村信息化建设，需要政府及相关主管部门建立信息服务平台，培训信息采集员，建立数据编码、采集、分类、共享和交换等相关配套标准，倡导信息主动共享和协议共享，激发农村农民在各方面信息资源共享的积极性。此外，还可以在信息服务平台中设置“咨询交流”模块，但同时也要让农民认识到信息化服务的价值与重要性，加大网络信息服务平台的宣传力度，告诉农民具体的使用方法，并选取重点领域开展示范与网络共享，探索农业农村信息化发展机制、路径与新的商

业模式，提高农业信息化水平，培育智慧农业产业。

（五）加强农业大数据人才培养体系建立

提高农民素质是提升农业经营效率的重要手段，现代化农业应当加快人才建设，在有针对性的培训下培育新型职业农民和农业经营主体，将他们培育成一支有自主经营意识和信息技术知识水平的“互联网 +”现代农业建设队伍。

第四节　农村经济管理的创新策略

农业经济在我国处于基础地位，其发展对于我国农村乃至于国民经济的建设都是极为重要的。农业经济管理不仅需要依托于当地的自然情况，同时也要遵循市场规律。农村经济管理侧重于地域性，重视对于某区域内的生产要素进行整合与调配，应用产业化模式来更新生产方式，这样才能缓解和解决三农问题。

第一，提高对经济管理职能的重视。农业经济在我国国民经济发展中的地位极为重要，所以农业经济管理人员要对自身的职责重视起来，履行职能，推动农村经济的发展，提高自身的服务意识。与此同时，当地的政府部门也需要提高对农业经济管理的重视程度，为了保证相关部门管理人员的业务能力，可以积极组织培训，普及先进的生产与管理方式，并下乡检查，监督各项改革措施的实行。只有转变传统的思维方式，树立起全新的农村管理理念，才能促进农村经济的发展、

第二，建设完善的管理体制。开展农村经济管理工作离不开一套健全的管理制度，并需要在具体工作中不断优化与完善。结合当前农村经济发展的需要来建立切实可行的农村管理体制，确保农村经济管理各项工作的顺利开展以及与农村各个方面建设工作的紧密结合，从而提高农村经济发展水平，获取更高的市场经济效益。在这方面应当关注食品健康以及原材料安全性性方面的问题，在实际应用中逐步完善市场经济建设措施。

第三，优化管理模式，督促经济管理人员履行职责。随着时代的发展，农村经济的发展与当地经济管理工作的关联越来越密切，作为政府管理人员，需要对当地农村经济管理给予足够的重视，明确自身的管理职责，积极参与到农村经济管理工作中，并注重工作方式的规范性。地方政府相关部门可以定期开展经济管理知识与业务的培训，保证农村经济管理水平。因而优化管理模式的重点在于督促经济管理人员履行职责，明确农业经济对我国经济体系的基础作用，积极开展各项管理工作，从而实现可持续以及产业化发展。

第四，推进农业产业化发展的管理措施。在新农村建设的大背景之下，需要给予当地农村、农业的发展以一定的扶持与政策倾斜，尤其要保证农村经济发展的资金保障。同时需要加大物力与财力的投资，积极引进电子设备，重视人才的培养，形成一支高业务水平与职业素养的农村经济管理队伍。在产业合作方面，应当结合当地的地域特色，与当地的企业开展合作，尤其重视原料应用以及深加工技术，将原料加工规划工作与产业园规划结合起来，以适应农村建设的需要。重点扶持当地龙头企业，从而实现对区域经济的带动作用。

此外，政府部门也需要依托于政策的基础，与龙头企业深化合作，实现产业化经济的跨越式发展，这样才能最大化发挥合作优势，实现农村建设的目标。为了更好地实现上述措施，应当从提高工作人员执行力入手，提高利益协调效率。农业经济管理工作与基层密切相关，只有结合当地的地域特色，明确其经济发展情况，才能提出正确而合理的措施。在农民利益方面，其是农业经济发展的立足点与重要目标，一切以农民利益作为出发点，积极解决纠纷。在工作中要积极听取农民的利益诉求，并做好技术普及工作，将先进的生产技术与科学的管理理念作为生产力的重要增长点，从而促进农村地区生产力水平的提高。

参考文献

[1] 陈德智，毕雅丽，云娇 . 金融经济与财务管理 [M]. 长春：吉林人民出版社，2020.

[2] 陈建明 . 经济管理与会计实践创新 [M]. 成都：电子科技大学出版社，2017.

[3] 高军 . 经济管理前沿理论与创新发展研究 [M]. 北京：北京工业大学出版社，2019.

[4] 谷满意 . 经济社会发展与公共管理问题研究 [M]. 成都：西南交通大学出版社，2016.

[5] 韩军喜，吴复晓，赫丛喜 . 智能化财务管理与经济发展 [M]. 长春：吉林人民出版社，2021.

[6] 康芳，马婧，易善秋 . 现代管理创新与企业经济发展 [M]. 吉林出版集团股份有限公司，2020.

[7] 李淑清，贾祥桐，李嘉 . 现代经济转型与市场发展研究 [M]. 北京：经济日报出版社，2019.

[8] 刘晓莉 . 企业经济发展与管理创新研究 [M]. 北京：中央民族大学出版社，2018.

[9] 刘应杰 . 中国经济发展战略研究 [M]. 北京：中国言实出版社，2018.

[10] 麦文桢，陈高峰，高文成 . 现代企业经济管理及信息化发展路径研究 [M]. 中国财富出版社，2020.

[11] 宁思贵 . 企业、区域经济和行业发展战略管理 [M]. 北京：企业管理出版社，2015.

[12] 孙娟 . 社会学视角下的区域经济发展及其管理创新策略 [M]. 北京：中国纺织出版社，2020.

[13] 汪朝阳 . 经济跨越式发展与管理创新 [M]. 武汉：湖北科学技术出版社，2014.

[14] 王丹竹，管恒善，陈琦 . 企业经济发展与管理创新研究 [M]. 长春：吉林人民出版社，2017.

[15] 王关义 . 经济管理理论与中国经济发展研究 [M]. 北京：中央编译出版社，2018.

[16] 武赫 . 发展经济学概论 [M]. 北京：北京理工大学出版社，2016.

[17] 于敏，李燕 . 区域经济发展与管理创新研究 [M]. 武汉：武汉大学出版社，2010.

[18] 赵高斌，康峰，陈志文 . 经济发展要素与企业管理 [M]. 长春：吉林人民出版社，2020.

[19] 赵弘志，关键 . 绿色经济发展和管理 [M]. 沈阳：东北大学出版社，2003.